魔鬼逻辑学

凡禹◎著

江西美术出版社
JIANGXI FINE ARTS PUBLISHING HOUSE

图书在版编目（CIP）数据

魔鬼逻辑学 / 凡禹著 . -- 南昌：江西美术出版社，2017.9（2019.1 重印）

ISBN 978-7-5480-4327-0

Ⅰ . ①魔… Ⅱ . ①凡… Ⅲ . ①逻辑学 Ⅳ . ① B81

中国版本图书馆 CIP 数据核字（2017）第 033454 号

出 品 人：周建森
企 划：北京江美长风文化传播有限公司
策 划：北京兴盛乐书刊发行有限责任公司
责任编辑：王国栋　朱鲁巍　宗丽珍　康紫苏
版式设计：阎万霞
责任印制：谭　勋

魔鬼逻辑学

作　者：凡　禹

出　　　版：江西美术出版社
社　　　址：南昌市子安路 66 号江美大厦
网　　　址：http://www.jxfinearts.com
电子信箱：jxms@jxfinearts.com
电　　　话：010-82293750　　0791-86566124
邮　　　编：330025
经　　　销：全国新华书店
印　　　刷：北京柯蓝博泰印务有限公司
版　　　次：2017 年 9 月第 1 版
印　　　次：2019 年 1 月第 2 次印刷
开　　　本：880mm×1280mm　1/32
印　　　张：7
Ｉ Ｓ Ｂ Ｎ：978-7-5480-4327-0
定　　　价：26.80 元

本书由江西美术出版社出版。未经出版者书面许可，不得以任何方式抄袭、复或节录本书的任何部分。

版权所有，侵权必究

本书法律顾问：江西豫章律师事务所　晏辉律师

序
Introduction

著名逻辑学家、哲学家、杰出的教育家金岳霖教授曾说："逻辑是生活中找寻并满足其愿望的实际工具，没有逻辑，我们的生活将十分沉重，以致几乎是不可能的。"

思维决定人的行为、感受和需求。如果思维方式不现实，你将会因此身陷沮丧和挫折之中。如果思维方式过于混乱，你就会错失生活中很多快乐、有趣的事情。

美国著名地质学家华莱士，在其自传《找油的哲学》中写到："找油的地方就在人的大脑中。"他指出：人的大脑里蕴藏着丰富的宝藏，而思维方式是其中最珍贵的资源。

一位盲人夜间出门，提着一盏明晃晃的灯笼。来往行人见他打着灯笼在暗路上摸索前行的模样，觉得好笑又奇怪，忍不住问道："您眼睛不好使，还打着这灯笼干啥呢？有用吗？"

"有用，有用，怎么会没用？"盲人认真地回答。

"有啥用处呢？说来听听。"这位路人来劲了，也不经意间说出一句颇有杀伤力的话，"你又看不见。"

盲人回答："对啊，正因为我看不见你们，我才需要这灯笼，好给你们这些明眼人提个醒，怕你们在黑暗中看不见我这个盲人，把我撞倒了。"

本来打算看笑话的来往行人，听了无不振聋发聩，个个脑门一亮，心中豁然开朗。

这位盲人手中灯笼所映照出的，是一种符合逻辑的思维方式。人们不仅从中受到启发，也接受得心服口服。

而符合逻辑的思维方式，就是本书探讨的主题：逻辑思维。

逻辑是思维的集中体现，逻辑思维是逻辑学在生活中的具体应用。逻辑思维是人们处理日常生活难题的必备能力之一，在解决问题、写作、言语表达时，有逻辑地思考和有条理地表达，是理性的要求，也是成功与否的关键。

那些企业家、科学家无不是运用逻辑思维探索未知的世界，在别人未曾发现的领域，取得了惊人的成功；那些政治家、销售精英、商业巨头无不是运用逻辑学的原理去引导他人的思维，有效说服对方，从而改变了世界。

《魔鬼逻辑学》是一本简单的逻辑学入门读物，也是一本足以彻底改变你思维世界的小书。

我们所处的社会，正如学者孙路弘所说："缺乏逻辑已成为社会的一种流行病症：逻辑紊乱症候群。"本书的出版，就如久旱时节的及时雨，既是治愈社会疾病的宝典，也是提高个人能力的秘籍，的确值得人手一册，借以帮助读者朋友了解逻辑学，用好逻辑思维。

目录 Contents

第一章 人人都应该学一点逻辑学

超简单的逻辑学入门 / 002

逻辑思维的基本形式 / 003

逻辑推理与人的才干 / 004

逻辑思考与有效沟通 / 006

逻辑分析与独辟蹊径 / 008

逻辑关乎人的幸福 / 010

第二章 逻辑思维的基本原理

同一律 / 014

矛盾律 / 015

排中律 / 017

充足理由律 / 018

合理不一定合乎逻辑 / 020

第三章　推理和论证：逻辑学的语言

语句和命题 / 024

前提和结论 / 025

概念 / 026

判断 / 028

演绎推理 / 030

归纳推理 / 031

类比推理 / 032

归纳和演绎 / 034

比较和分类 / 035

分析和综合 / 039

语意预设 / 042

第四章　培养逻辑脑：逻辑思维的训练

排除法 / 046

递推法 / 048

假设法 / 050

倒推法 / 053

分析法 / 056

作图法 / 058

类比法 / 061

综合法 / 063

计算法 / 065

第五章　逻辑谬误：不讲道理的人怎么总有理？

由谬误可以推出任何一句话　/　070

两难推理谬误　/　071

无知谬误　/　072

全知谬误　/　073

滑坡谬误　/　073

复合谬误　/　074

诉诸同情的谬误　/　075

诉诸多数的谬误　/　075

诉诸结果的谬误　/　076

诉诸权威的谬误　/　077

情感绑架的谬误　/　078

一厢情愿的谬误　/　079

人身攻击的谬误　/　079

归纳谬误　/　081

不当类比　/　081

排除证据的谬误　/　082

稻草人谬误　/　083

例外谬误　/　084

因果谬误　/　085

含混不清谬误　/　087

循环论证谬误　/　088

猜测动机谬误　/　089

第六章　诡辩与反诡辩：和不讲理的人讲道理

诡辩的概念：争论的智慧　/　092

诡辩的特征一：似是而非　/　095

诡辩的特征二：割裂联系　/　096

诡辩的特征三：用表面现象掩盖事物本质　/　097

偷换辩题法诡辩　/　098

偷换概念法诡辩　/　100

歪曲法诡辩　/　103

利用歧义的诡辩　/　105

把事务简单分类的诡辩　/　107

虚拟前提的诡辩　/　107

虚拟论据的诡辩　/　110

混淆预想和现实的诡辩　/　112

虚拟原因的诡辩　/　113

问题转换诡辩　/　115

转换重音的诡辩　/　116

标准不统一的诡辩　/　117

以偏概全的诡辩　/　120

以全概偏的诡辩　/　121

名实互混的诡辩　/　123

制造混乱诡辩法　/　124

模棱两可诡辩　/　127

数字诡辩　/　129

矛盾诡辩　/　131

推理不当诡辩 / 132

较真诡辩 / 134

使用断句诡辩 / 135

以谬制谬，反驳诡辩 / 136

放大错误，批驳谬论 / 137

歪理歪推，谬上加谬 / 140

活用反语，放大荒谬 / 142

第七章　魔鬼逻辑学：让你每次辩论都能赢

诠释辩题，确定论点 / 146

首尾统一，前后完整 / 147

有因有果，寻找联系 / 149

演绎推理，揭穿对手 / 151

顺水推舟，乘势反击 / 153

识破矛盾，攻击对方 / 155

巧设条件，取得胜利 / 157

找准关系，逻辑推理 / 157

布设两难，进退不能 / 159

二难推理，四种形式 / 163

以虚克实，出奇制胜 / 166

虚而显实，弱而示强 / 168

诱惑对方，肯定自己 / 169

旁敲侧击，逆势顺取 / 171

层层递进，攻击对手 / 174

以此类推，以此类比 / 177
类比相推，灵活机动 / 179
类比辩论，五种类型 / 184
小中见大，触类旁通 / 189
以小放大，归谬反驳 / 190
以其人之道，还治其人之身 / 192
模仿对手，批驳有力 / 193
反驳论据，直接有力 / 195
寻找缺口，反驳对手 / 198
指桑骂槐，一语双关 / 201
绕远求近，迂回诱导 / 203
迂回进攻，四种方法 / 205
绕开避讳，消除对抗 / 208

后记 / 210

第一章
人人都应该学一点逻辑学

生活中,逻辑无处不在。

无论我们是有意还是无意,逻辑无时不在服务于我们的生活。

然而,逻辑到底是什么,也许并没有太多的人有很清楚的概念。

超简单的逻辑学入门

"逻辑"一词，源于希腊语，最初是词语、思想、概念、论点和推理的意思。

中文"逻辑"一词是西方词汇的音译，也就是英语和法语中的logic和logique。

狭义的逻辑学，是指研究推理和论证的科学，即研究如何从前提必然地推出结论的科学。

最早研究逻辑学的亚里士多德，提出了著名的"三段论"：从两个前提必然推出一个结论。例如：

（1）金庸的武侠小说能让你废寝忘食，而废寝忘食能让你身材苗条，那么金庸的武侠小说能让你身材苗条。

这个句子的推理方法，被称为蕴涵三段论。

（2）假如技术娴熟的舵工是最有能力的舵工，技术娴熟的战车驭手是最有能力的驭手，那么一般来说，技术娴熟的人就是在某一特定方面最有能力的人。

这个句子的推理方法，被称为归纳三段论。

广义的逻辑学与哲学研究有很大的关系，它指的是研究思维的科学。

所有思维都有内容和形式两个方面。

思维内容是指思维所反映的对象及其属性；思维形式是指用以反映对象及其属性的不同方式，即表达思维内容的不同方式。

逻辑思维的基本形式

从逻辑学角度看，逻辑思维的三种基本形式是概念、判断和推理。

例如：

（1）劳动力的市场价格是工资。

（2）土地的市场价格是地租。

（3）资本的市场价格是利息。

（4）因此，市场经济的所有生产要素都是有价格的。

其中，"劳动力""市场价格""是""工资""土地""地租""利息""因此""市场经济""生产要素"等都是概念，由概念组成的语句被称为判断，而由判断组成的论断称作推理。

逻辑学研究概念、判断和推理，不研究具体的思维内容；也就是暂时抛开具体的思维内容，研究其逻辑形式及各种逻辑形式之间的关系。

所谓逻辑形式，是指思维内容各组成部分(或元素)的联结方式(即结构)，也被称作思维的逻辑形式，或思维的形式结构。

例如：

（1）苹果是可以食用的；

（2）人工智能是有前途的；

（3）法律是有强制性的。

这三个判断所表达的思维内容是不同的，但是它们在表达形式的结构上却是相同的，我们就说它们具有相同的逻辑形式："S是P"。

再如：

（1）如果股份一样，那么股东权利就一样；我和你股份一样，所以，我和你的股东权利就一样。

(2)如果两个角是对顶角,那么这两个角就相等。这两个角是对顶角,所以,这两个角相等。

这两个判断在结构上也是相同的,它们具有相同的逻辑形式:"如果p,那么q;p,所以,q。"。

在每一种逻辑形式中,都包含逻辑常项和变项。逻辑常项是指同类逻辑形式中不变的部分。如上例中的"是"和"如果,那么,所以"等。逻辑常项决定各种逻辑形式的性质,是区别不同逻辑形式的依据。变项是逻辑形式中的可变部分,即用字母表示的那部分。它们可以用相应的具体概念或判断代入。前例中的"S"和"P"是概念变项,它们可以代入任意概念;后例中的"q"和"p"是判断变项,也可代入任意判断。

逻辑推理与人的才干

如果你想到谷歌、微软、苹果这样的世界明星公司谋得一份体面又高薪的工作,那你很可能在面试环节遇到这样的分析题:芝加哥共有多少名钢琴调音师?或者:下水道的井盖为什么是圆形的?

老实讲,面对这样的题目,你是不是觉得考官有点无厘头?

然而,这些看上去无厘头的题目,正是这些超级优秀的公司挑选聪明员工的方式!

这种选拔人才的方式靠谱吗?靠谱!因为聪明人都有一个共同的特质:他们在分析问题时,都能有非常清晰的思考过程。注意,是清晰的思考过程,而不是绝对正确的思考结果。

前哈佛大学校长拉里·萨默斯,曾经在2006年12月访问中国,在接受中央电视台采访的时候,记者问道:"你认为一个优秀的哈佛大学生需要具备的最重要的素质是什么?"

萨默斯先生说："正直诚信的品格是我们对学生最基本的要求，除此之外，我想最重要的是思路清楚，分析问题的时候有着非常清晰的思考过程。"

我们平时说某人很聪明，智商很高的时候，也常常用反应快、思路清楚来形容。为什么"思路清楚"很重要呢？除了哈佛校长之外，还有一位名人也很看重"思路清楚"，这个人是俄罗斯前总统叶利钦。

叶利钦在回忆录《午夜日记》里说："他（弗拉基米尔）提交的报告总是思路非常清楚，这一点给我留下了深刻的印象。"于是，受到叶利钦重视的弗拉基米尔很快被提拔为国家安全局长，一年后成为政府总理。半年后，叶利钦将总统的宝座让给了他。从主任助理到世界上面积最大的国家的总统，他只用了不到三年的时间。他是谁？呵呵，他的全名是弗拉基米尔·普京！

叶利钦选定普京为他的接班人，当然还有更多更复杂的原因，但回忆录唯一提到的一点正是"思路清楚"！

明白了"思路清晰"这个秘密，再来分析文前提到的面试题。

其实这些面试题都没有唯一正确的答案。面试官只想测试面试人解决问题时，是否能形成清楚的思路，换言之，是否能展现一个清晰的思考过程。

因此，钢琴调音师的题目可以这样来回答：

假设芝加哥约有500万人居住，平均每个家庭有2人，大约有1/20的家庭有定期调音的钢琴，平均每台钢琴每年调音一次，那么芝加哥每年的钢琴调音总需求是12.5万个订单。又假设每个调音师调整一台钢琴需要2小时，每个调音师每天工作8小时、每周5天、每年50周，那么一个钢琴调音师每年可以处理1000个客户订单。由此可以算出：芝加哥总共需要125个钢琴调音师。

其中估算的数据，只要不是违反常识太多（例如假设芝加哥只有1万人），就不会被判定为错误。从假设到推理到形成答案，只要这个分析过程是清晰而又符合逻辑的，那就能让面试官为你的聪明点赞。

如果你能迅速找到解决"钢琴调音师"这类问题的规律，那么聪明的你就能给出第二道题的答案。

例如：因为圆形可以滚动，可以让安装工人更轻松地搬运，所以下水道的井盖是圆形的。

如果井盖是方形的、三角形的、梯形的，或者其他不规则形状的，那么在安装时都要求工人要把井盖和井口的形状对齐，而圆形则能省去这个环节，因此井盖是圆形的。

要想形成清晰的思考过程，就离不开假设、论证和推理，而这正是逻辑学研的基本内容。

逻辑思考与有效沟通

"想清楚，说明白，知道说什么、怎么说"，这是每个人都希望达到的沟通境界。但是当我们演讲、写作、汇报、指挥的时候，却常常觉得不知从何说起，或者让对方感到混乱不清。

举一个例子，你在办公室，忽然你的下属冲进来，对你说："老板，我最近在留意原材料的价格，发现很多钢材涨价了，包装纸也要涨价……刚才物流公司也打电话来说要提价，我又比较了其他几家的价格，但是还是没有办法说服他不涨价……还有，我们的竞争品牌最近也涨价了，我看到……对了，广告费最近花销也比较快，如果……可能……"

你听完是不是一头雾水？听了半天你还不知道他究竟要说什么？或者要求你提供什么帮助？或者希望解决什么问题？

如果他这样说："老板，我认为我们的牌子应该涨价20%，而且要超过竞争品牌。因为第一，原材料最近都涨价了30%，物流成本也上涨了;第二,竞争品牌全部都调价10%~20%,我们应该跟进;第三,广告费超标,我们还应该拉出空间,可以做广告……老板,你觉得这个建议是否可行?"

这样是不是更清楚?原因是在第二种表达方式中,员工将内容按照其内在逻辑做了分类,他使用了一个如图1-1所示的"金字塔结构"。

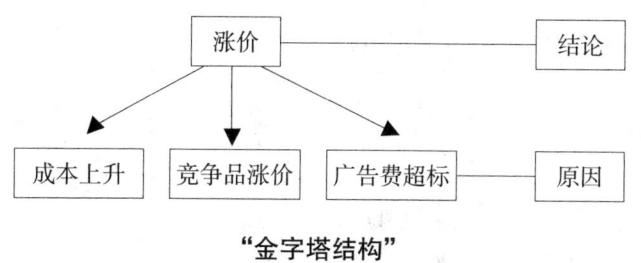

"金字塔结构"

"金字塔结构"是美国麦肯锡公司首创的沟通工具,要解决的问题是:如何在沟通中做到"逻辑清晰、条理分明"。这一沟通工具受到了全球职场人士的广泛欢迎和好评。

当你要表达你的想法时,你可以通过以下步骤建立一个"金字塔结构":

第一步:列出你想表达的所有思想要点。

第二步:找出各要点之间的逻辑关系。

第三步:得出结论。

形成"金字塔结构"后,你的表达顺序是:

第一步:亮出结论;

第二步:介绍结论的逻辑推理过程。

第三步:逐一展开你的思想要点。

以上步骤被浓缩为十个字:"自下而上思考,自上而下表达"。

在沟通中做到"逻辑清晰、条理分明"的好处是显而易见的,其中最经典的好处被描述为"电梯法则"。

假设你是某个咨询公司的经理,为了一个重要的项目你和团队日夜工作了3个月,准备了厚达300页的报告……然而客户方的CEO在会议开始不到十分钟,走出会议室接了一个电话,然后返回说到:"非常抱歉,今天的报告不得不终止,因为我们有个非常紧急的事情,我必须马上飞去纽约。"

你和团队无奈地看着他们匆忙离开。然而就在CEO冲进电梯的那一刻,"等等",他挡住电梯门,对你招手:"能否利用我到停车场的时间,说说你们报告的主要内容?"就这10多秒钟?你必须说出报告的主要观点?还要争取他的认可和支持?你感觉血一下子冲上脑门,然而,没有第二次机会了,你马上冲进电梯,门一关上,你就转过身对着一群人说:"我们认为……"

这就叫作"电梯原则"——简单明快、逻辑清晰地说明你的观点。

你能够用一句话浓缩你的年度营销报告吗?你能够用一段话说明你品牌的定位以及发展方向吗?你能够在三分钟内说明当前销量下滑的主要原因,并提出三个解决方案,然后让老板做出决定吗……

"电梯原则"的核心假设是:如果你三句话说不清楚,那么你一下午也说不清楚。

要实现电梯原则,运用金字塔结构就会很有效:先通过逻辑分析形成结论,然后先从结论说起,再说中心思想,然后再向前推理论证。如此,可以用最短的时间让人理解你。

逻辑分析与独辟蹊径

当周围的人意见一致的时候,你会人云亦云还是独立思考?对此,曾任北京大学光华管理学院院长的经济学家张维迎回答说:"我相信逻辑。比如说,有一个峡谷,所有的人都说过不去,说那里是万丈深渊,但如果逻辑推论出那里应该有一座桥,我就会走过去。"

各行各业的成功人士,大多需要具备独立思考、独辟蹊径、独具慧眼的能力,而他们拥有这些能力的秘诀,正如张维迎所说,在于他们相信逻辑和逻辑分析。

生于公元前507年的鲁班是怎样发明锯子的呢?相传有一次,他进深山砍树木时,一不小心,手被一种野草的叶子划破了。他摘下叶片轻轻一摸,原来叶子两边长着锋利的齿,他的手就是被这些小齿划破的。他还看到在一棵野草上有条大蝗虫,两个大板牙上也排列着许多小齿,所以能很快地磨碎叶片。鲁班就从这两件事上得到了启发。他想,要是木工也拥有这样齿状的工具,不是也能很快地锯断树木了吗!于是,他经过多次试验,终于发明了锋利的锯子,大大提高了工效。

如果齿状的叶子能划破人手,那么齿状的铁片也应该能划开树木。鲁班通过"齿状叶子"和"齿状铁片""人手"和"树木"的类比,推理出的结论是符合逻辑的,最终也被证明是行得通的。

刑事案件的侦查工作一般都没有第一手资料,当刑警们知道的时候一般都是案件发生结束凶犯逃离现场后,刑警们只能通过可疑的线索和现场的情况来利用逻辑推理,一步步的摸清案情,从假设到验证,最后找出罪犯。

在一个黑暗的夏夜,一个衣服湿透的人跑到刑警大队,向刑警报案:"刚才我走到一座桥上,被一样东西绊了一下,跌到了河里,幸好我会游泳,一会儿就爬上了岸。走到桥上仔细一瞧,那东西原来是个人,脖子上有两条伤口,浑身是血。我摸摸他的身子,还有点微温,估计他被害不久,我就赶来报案了。"

"你怎么知道他脖子上有两处伤口?"刑警接着问。

"我从衣袋里摸出火柴划亮一瞧……"说完,报案人打算离开。

"先生,请留步!"刑警拦住了报案人,并厉声说到:"你有重大犯罪嫌疑,请老实交代你隐藏的真相!"

这个案例中,报案人之所以被列为重大犯罪嫌疑人,是因为他先说跌入河中(口袋里的火柴就会湿透划不着),后来他又说划亮了火柴看见两道伤口,这是互相矛盾的。刑警抓住了这一逻辑破绽,立即采取行动控制对方,这是很机敏的表现。

"化学元素周期表"被门捷列夫发明之后,人们又根据元素的原子价和原子量关系对比关系,发现了很多不为人知的新元素,人们推算"类硼"元素应该存在于钾和钠之间,结果后来果然在实验中发现了。

成功人士无不热爱逻辑、相信逻辑分析。世界一流学府为了培养未来的社会精英,也都会开设逻辑类通识课程,供各专业的学子们选修。香港中文大学曾经给学生列出了一个推荐书单,共40本书,其中之一是美国学者麦克伦尼的《简单的逻辑学》。

逻辑关乎人的幸福

著名逻辑学家、哲学家、杰出的教育家金岳霖教授曾说:"逻辑是生活中找寻并满足其愿望的实际工具,没有逻辑,我们的生活将十分沉重,以致几乎是不可能的。"

没有逻辑,我们的生活为何将十分沉重呢?我们来看几个例子。

一个经济学家在路上遇到自己的逻辑学家朋友。两人正在聊天的时候,旁边传来叫卖声:"卖猫啦,祖传宝猫便宜卖。"经济学家兴致来了,就要跟逻辑学家打赌,看两人谁能用最少的钱得到最大的实惠。

卖猫人说因为小孩病重，没钱给孩子看病，才不得已才出卖这个玩具猫的，这个猫是自己家的祖传宝贝。

经济学家看了看玩具猫，发现它通体漆黑，但猫眼格外耀眼，"可能身体是黑铁做的，但两只眼睛应该很值钱。"经济学家这样想着，便决定出手："我只要你的猫眼，300美元怎么样？"于是，经济学家用300美元买下了那两颗猫眼，他很得意的对逻辑学家说："我只用300美元就买下了一对罕见的珍珠，你认输吧。"

逻辑学家什么也没说，给了卖猫人200美元，卖了玩具猫的身体。正当经济学家想嘲笑逻辑学家时，只见逻辑学家示意他快走。两人到了巷子里，逻辑学家不慌不忙地掏出小刀，当猫表面的黑漆被刮落时，里面露出金灿灿的颜色。"不出所料，这个猫是纯金的。"

"你怎么知道这个猫是用金子打造的？"经济学家惊叹道。

逻辑学家说："一只普通的玩具猫怎么会用珍珠做猫眼？猫眼都那么珍贵了，猫身会是烂铁吗？"

从猫眼推断出猫身的价值，这就是逻辑思维中的分析、推理。世上的事物都是彼此联系的，这种联系不仅是外在明显的联系，也有内在隐藏的联系。而这正是不可不学、不可不用逻辑思维的原因。

普林斯顿大学的校园里，曾有一个男孩深深地爱着一个女孩。但是这个男孩不知道怎么向对方表白。

一天，他终于想到了一个好方法去接近女孩，他对那个女孩说："你好，我将会在纸上写上一句关于你的话，你看完如果觉得我说得对，那么请你送给我一张你的照片可以吗？"

女孩很快就想到这是一个追自己的男孩管自己要相片，她就想：不管这个男孩写什么，自己都说不是事实，不就可以拒绝他了么?

  于是,女孩爽快的答应了这个男孩的要求,结果当他看见男孩写的字时却怎么也拒绝不了,只好把自己的相片交给了那个男孩。

  问题就在于那个男孩写了什么,其实很简单,他写的也不过是一句极其简单的话:"你不会吻我,也不想把你的照片送给我。"

  这个女孩最终成为了他的妻子,而这个男孩就是后来美国著名的逻辑学家斯穆里安。

  逻辑真的是生活中找寻并满足人们愿望的实际工具,它可以给人创造财富,可以让人收获爱情,可以给人带来智慧,这就是逻辑的力量所在。

魔鬼逻辑学

第二章

逻辑思维的基本原理

逻辑思维的基本原理,亦称"思维基本规律",即同一律、矛盾律、排中律,以及由莱布尼茨所提出的充足理由律。它们构成了理性思维最基本的前提与预设,是理性的对话、交谈能够进行下去的最起码前提,分别确保理性思维具有确定性、一致性、明确性和论证性。

同一律

逻辑思维的同一律,是为了确保逻辑思维是理性的,是确定的。

先来看一个例子:

一个工程队承包了一个建筑工程,并与客户签订了协议,在协议中写到:"土建部分的砖、瓦、水泥、石灰等由业主负责提供……"施工开始后,施工的工人进入了建筑工地,砖、瓦、水泥、石灰也都全部运到,唯独却没有沙子和卵石。工程队的人立刻去找了业主代表,可是人家说,他们是按照协议办事的。

显然双方对协议中的一个"等"字的理解出现了分歧。"等",按照现代汉语词典的解释有三:其一,"等"是助词,而助词是意义最不实在的虚词;第二种解释是"表示列举未尽";还有一种解释是"列举后煞尾"。

工程队想表示的自然应该是"列举未尽",因为沙子和卵石是与砖、瓦、水泥、石灰同类的建筑辅料,所以不需要一一列举;而业主方却理解成了"列举后煞尾"。那都煞尾了,自然也就没别的了,沙子、卵石我们管不着,你自己弄去吧……双方各执一词,都觉得自己有理。

这个故事结局是什么并不重要,关键是我们通过这个故事知道了这个矛盾,而这个矛盾的原因就是双方在签署合同时违背了同一律,以至于最后出现了问题。

同一律在形式逻辑书籍上的定义为:在同一思维过程中每一思想必须与其自身保持同一。

应该注意"同一思维"和"保持同一"这两个关键词。我们可以把它理解为相同场合、相同对象、相同时间。

就刚才的故事而言，你可以在协议中采用"列举后煞尾"来解释"等"，在另一个协议中你就可以用"列举未尽"的解释。但是在同一协议中就不能同时采取两种不同的解释。

人们在论断过程中思维对象要确定，概念要保持同一，不得随意变换，就是逻辑规则中的同一律，除此之外别无其他含义。

背离同一律还表现为混淆概念。有的是偷换概念，有的是转移论题，有的是偷换论题。

我们生活中就会遇见很多这种混淆概念的人，比如算命的一句"父在母先亡"，就有六重的意思：第一，父亲过世；第二，母亲过世；第三，父母都过世，父亲先走；第四，父母都过世，母亲先走；第五，父母都健在，父亲会在母亲前面过世；第六，父母都健在，母亲会在父亲前面过世。

创造这句话的真可以说是诡辩的宗师级人物了，人世间的所有状况他一句话全部归入其中。

矛盾律

矛盾律是逻辑思维必须遵循的第二个原理，是为了确保逻辑思维是理性的，是一致的。

所谓"矛盾律"，是指在同一思维过程中两个互相反对或互相矛盾的判断至少有一个是假的，肯定不能同时为真。

相互矛盾和相互反对的判断又是如何定义的呢？

这是西瓜，这不是西瓜，这两个判断就算是相互反对的。他家离这里特别远，去他家步行大概需要三分钟，这两个判断就是相互矛盾的。

逻辑矛盾通常存在于两个判断间。例如在"自相矛盾"的故事中：一个商贩，卖矛又卖盾，时而宣称自己卖的矛无坚不摧，时而宣称自己卖的盾无坚可摧。如果矛无坚不摧成立，那么盾无坚可摧就不成立；如果盾无坚可摧成立，那么矛无坚可摧就不成立。

逻辑矛盾有时也存在于一个复杂的概念之中，甚至存在于一个判断之中，例如："他将要在今年元旦前回家。"

"将要"是对未来发生事件的判断，从"今年"可以判断，假如说话的时候是2007年，那么"回家"就只能是在说话的时日之后发生。但是"今年元旦前"这五个字分析，他回家是发生在2007年的，但是2007年已经过去，就不应该存在"将要"这个词。同一件事一会儿过去，一会儿又是"将要"，违背了不矛盾律，谁也搞不清他在说什么。

"那个女孩的项链坠饰就是一颗绿色的红宝石。"

红宝石的限制词是绿色，是那块小石头属性的定语。因为绿色和红色是并列的概念，所以绿色修饰红色是不对的。如果把限制词"绿色"换成"深红色"，这个概念就没有缺陷了。原因是主概念和限制词不能同时并存。

有这样一个笑话：汤姆问杰克："你可以保守秘密吗？"杰克说："我当然可以啦，但我的朋友们都很不靠谱儿。"

杰克的回答包含两部分。这个笑话的前半句正面回答问题，说自己擅长保密；而后半句则间接地透露他不擅长保守秘密，因为他把秘密都告诉朋友了。

显然，杰克的话前后矛盾。

必须要注意的是，"在同一思维过程中"这八个字是矛盾律定义中的既定条件。

排中律

第三个逻辑思维的原理叫作"排中律",是为了确保逻辑思维是理性的,是明确的。

所谓排中律是指:同时间、同条件下,对同一个对象做出的两个逻辑判断如果互相矛盾,那么不可能二者同时为假,其中必定有一真。如果确定一个为真,那么另一个肯定为假,不存在中间状态。

简单而言:这种问题非黑即白,二者必选其一,要有坚定的立场和明朗的态度。判断时,在两个互相矛盾的命题中要明确判断其中一个是"真",而另一个是"假"。不能两者都肯定,也不能两者全否定。

举一个鬼魂论的例子:A称世上肯定无鬼,B称世上肯定有鬼,C称信则有不信则无。

A和B的逻辑没有错误,但C既否定了A又否定了B,并且将有无鬼魂的讨论转换成了是否相信鬼魂存在的讨论。"不置可否",是明显违背排中律的。

排中律只适合自相矛盾的判断。它要求两个判断中必须有一个为真,即二者不能都为假。对两个互相反对的命题同时都否定,不违反排中律。

例如:"我不认为所有的人都是自私的,我也不认为所有的人都不是自私的",这段议论不违反排中律,因为它所否定的两个命题——所有人都自私和所有人都不自私——是互相反对的关系,而并非互相矛盾的关系。

又如:

丈夫:我准中奖!

妻子:不见得。

丈夫:那你认为我不可能中奖?

妻子：我不这么认为。

丈夫：你"两不可"，违反了排中律。

妻子：……

其实，妻子所否定的两个命题是"丈夫必然中奖"和"丈夫不可能中奖，即丈夫必然不中奖"，这两个命题互相反对，并不互相矛盾，对此同时否定不违反排中律。

有这样一种特殊问话，比如：某学生宿舍失窃，保安问其中的一位男生："你以后是否再偷东西了？"

对这种特殊问语的回答，不能简单地套用排中律。表面上看，"我以后不再偷东西"和"我以后再继续偷东西"是两个互相矛盾的命题，由排中律，必须肯定其中的一个。但如果被问者事实上没有偷过东西的话，那么肯定其中任何一个命题都是不恰当的。

矛盾律和排中律的内容一起构成所谓的"二值原则"：任一命题或者是真的或者是假的，不能既真又假，也不能既不真也不假。这就是说，非真即假，非假即真。

一般使用的逻辑都是建立在二值原则之上的，因此叫作"二值逻辑"。

充足理由律

充足理由律的提法源于17世纪末18世纪初的德国哲学家莱布尼茨。他在《单子论》中说："……任何一件事如果是真实的，或实在的，任何一个陈述如果是真的，就必须有一个为什么这样而不那样的充足理由，虽然这些理由常常总是不能为我们所知道的"。不过，莱布尼茨本人并未把充足理由原则当作逻辑规律。

充足理由律其定义为：任何一个合乎真理性的论断都应当是

有充分根据的。理由必须真实、必须有理由、理由与论证之间存在必然联系是充足理由律的逻辑要求。

充足理由律的公式是："A真，因为B真，并且B能推出A"。公式中的"A"代表在真判断，"B"代表用来确定"A"真的判断，称为理由。上述公式的意思是说，在论证过程中，一个判断之所以能被确定为真，一定还存在着另一个（或一组）判断"B"，并且从"B"真可以推出"A"真。如果"B"真，并且从"B"真推出"A"真，那么我们认为"B"是"A"的充足理由。

以下表现都是违背充足理由律：

第一，毫无根据和武断的瞎说；

第二，虚假的理由；

第三，理由是真的，但是并不能从理由之中得到结果，就是理由和结论之间根本没有什么关系。

民间还有个"板子老爷"的故事：

有位县令老爷有个习惯，审案时无论原告被告，不问青红皂白，每人各赏几大板子。所谓"有理三板子，无理板子三"，不管怎样来打官司麻烦本老爷的就是该打。

另外，有个成语叫"痴人说梦"：

戚某幼耽读而性痴，一日早起，谓婢某曰：尔昨夜梦见我否？答曰：未。大斥曰：我梦中分明见你，何以赖？去往诉母曰：痴婢该打，昨夜我梦见她，她坚决说未梦见我，岂有此理耶？

这个姓戚的痴儿就不能从所述理由推出如此结果，与违背充分理由律的第三种表现不符。戚某虽然梦见了婢女，但并不表示这个婢女当晚也梦见了戚某。他还说别人荒唐改打，其实他自己才是真正的该打之人。

1987夏天，大兴安岭发生特大森林火灾，而恰巧费翔当年在春节晚会上唱了一首《冬天里的一把火》，于是有人就信口胡说，说大兴安岭的火灾是费翔唱歌唱出来的，这显然是毫无根据的谬论。

唱歌和火灾根本就没有一点关系，这就属于武断和毫无根据的瞎说。

思维的四个规律告诉我们如何思考，如何将自己的思想有效地表达出来。但是它毕竟是一种方法，是一种工具，解决问题的时候还是要依据我们自身的知识水平和经验储备。

合理不一定合乎逻辑

逻辑涉及两大不同的领域：一类是客观逻辑，也就是遵循客观自然世界里的"道理"；第二类是主观逻辑，也就是遵循主观思维世界里的"道理"。

客观逻辑与主观逻辑的"道理"存在相交的部分，因为作为自然世界的成员，人类也是自然进化的产物，而主观思维正是于人脑物质基础之上建立的。

如果我们看到一个双头婴儿，会觉得很不合逻辑。因为按照常识来说，基因正常的人类应该只有一个大脑。所以两个头的婴儿违反了人在客观自然中的"道理"系统结构定义，是很不正常的。

我们能够从上述例子得出这样的结论：逻辑在一定程度上体现了"道理"规则。人们把自己认为合理的事物、行为、过程和结论当作有逻辑的东西，如果自己认为不合理，那么就是非逻辑的。

但是，应该由谁来制定这个"道理"规则呢？

以前的人们认为"道理"规则的制定者是天神和造物主，而现代人则认为"道理"规则体现的是自然规律和客观事实，并非某个"制定者"的作品。

如今，人们称客观世界的规律性为"客观逻辑法则"，而将主观思维中的规律性叫作"主观逻辑法则"。

因此，人们认识"道理"规则的过程是渐进的、发展的。如果科学的进步使自然进化不可能出现的物种诞生（比如狮身人面、人头马身的怪物等），那么人们就需要摒弃旧的客观逻辑规则，并且为证明其存在的合理性，而去创造新的高级的逻辑法则。在人类的力量有限时，主观逻辑必须遵循客观逻辑的规律。而一旦人类掌握的科技水平达到一定程度，就成为了万物"道理"规则的制定者，客观逻辑也要开始追随人类主观逻辑的步伐。

在宏观的角度来看，逻辑体系是一个不可分割的庞杂的网络体系，由宇宙万物的"道理"规则构成。网络上的每个节点都体现了一种事物的本质，每一条连线都是界定或限制事物本质的"道理"规则，且每一个节点均受到周遭节点和连线的制约。

第三章

推理和论证:逻辑学的语言

逻辑学是研究推理和论证的学问。

但是逻辑学的研究无法穷尽所有的推理和论证,因为推理和论证广泛地渗透在人们的认知思维活动之中,逻辑学不可能也不需要研究推理和论证的所有方面。

逻辑学的研究目的主要是将正确的推理同错误的推理、可靠的论证同不可靠的论证区分开来。

语句和命题

一个推理实际上是一个语句集合。

例如：李文贵不是犯罪嫌疑人，因为他有不在现场的证明。这个推理包含了两个语句：

（1）李文贵不是犯罪嫌疑人。

（2）他有不在现场的证明。

也有两个以上语句的集合表达一个推理的。

例如：张三所在的工厂近期关门了，李四所在的工厂近期歇业了，王五所在的工厂老板跑路了，所以我认为下一个失业的人就是我。

语句集合可以表达推理，但并非任意语句集合都可以表达推理。一个语句集合能够表达推理的要求是：作为集合元素的语句必须表达的是命题。

命题是描述事件的，一个命题所描述的如果符合事实，它就是真的，如果不符合事实，它就是假的。因此，作为能够表达命题的语句，它或者是真的或者是假的，无所谓真假的语句不能够表达命题。

例如语句"李文贵当时在案发现场吗？"

这是一个疑问，它表达的是对某情况的疑问，无所谓真假，因此我们说它不表达命题。

而语句"李文贵当时不在案发现场"是一个陈述句，它所陈述的若符合事实它就是真的，否则就是假的，因此该语句表达了一个命题。

一般来就，只有陈述句才有真假，因此只有陈述句才能表达命题。这就意味着一个推理首先是一个陈述句的集合。

前提和结论

一个推理首先是一个陈述句的集合，但是不能由此就推论说所有陈述句的集合都可以表达推理。

如果一个陈述句集合表达推理，那么我们就可以把作为该集合元素的语句区分为两部分：前提和结论。凡是不能区分出前提和结论的语句集合就不是推理。

如下是四个不同的陈述句集：

（1）张三所在的工厂近期关门了，李四所在的工厂近期歇业了，王五所在的工厂老板跑路了，所以我认为下一个失业的人就是我。

（2）张三所在的工厂近期关门了，李四所在的工厂近期歇业了，王五所在的工厂老板跑路了。

（3）"李文贵是中国公民；李文贵已年满18岁；凡是年满18岁的中国公民都有选举权；那么，李文贵有选举权。"

（4）"李文贵是中国公民；李文贵已年满18岁；李文贵有选举权。"

这里的（1）（3）分别表达一个推理，它们的前三个语句是前提，最后一个语句则是结论。（2）（4）是陈述句的集合，无法区分前提和结论，因此它们不能够表达推理。

凡是表达推理的语句集合中，一般都包含有特殊的语词，如"所以""因此""那么"等等。根据这些语词我们可区分出推理中哪些命题是前提，哪个命题是结论。简言之，推理所描述的就是作为前提的命题同作为结论的命题之间的一种逻辑关联性。

概念

概念是命题的基本元素。在一个命题中，通常会包含多个概念。例如：全等三角形的三个内角相等。其中"全等""三角形""内角""相等"等都是概念。

人类在理解一个复杂的过程或事物时，对同类事物共同的一般特性与本质属性的概括就是概念，它是思维的细胞，也是思维的最基本形式。例如为了理解天空中漂浮的白色物质，人类创造了"云"这个概念。

概念是意义的载体。例如汉语的概念"狗"承载的意义，它与德语的概念Hund、英语的概念Dog、法语的概念chien和西班牙语的概念 perro，承载的意义是一样的。因而，概念可以独立于语言而存在，这一事实使得翻译成为可能——在各种语言中的词具有同一的意义，因为它们表达了相同的概念。

事物的内涵和外延是概念的重要构成部分。

事物的本质属性，反映了概念的意义，构成了概念的内涵。

具体的事物以及具有此类特有属性的对象，以及包蕴宽广的范围，构成了事物的外延。

举例来说：

"人"这一概念的内涵："区别于其他生物的具有感情和理性的动物"。

"人"这一概念的外延："所有的包括男女老少等各类特点的人类"。

总的来说，事物的内涵和外延是构成概念的不可或缺的两方面。概念的内涵反映事物的本质属性，概念的外延反映具体对象以及范围。

对于概念的内涵和外延，我们需要分别运用定义法和划分法这两个重要的逻辑方法，才能更好地明确概念，深入了解事物的本质意义。

概念的内涵需要运用准确凝练的语言来定义，从而揭示出事物本质的特殊的属性。但需要注意的是，在定义中应当力求避免出现外延过大或过小的错误，例如"商品就是劳动产品"以及"商品就是在商店里出售的劳动产品"，它们都犯了定义不当的错误，正确的定义是"商品就是用于交换的劳动产品"。

概念的外延需要用划分法来把范围过大的概念分成适当的意义相近、程度相似而范围较小的概念。例如把商品分为：有形商品和无形商品；奢侈品和刚需品等。

在划分概念的外延时，尤其要注意外延的范围。比如对于文学的划分，"文学包括诗歌、小说、散文、戏剧、舞蹈、音乐等"，这样就把不属于文学外延的"舞蹈、音乐"划分进来。

概念以内涵与外延相统一的方式构成主体对客体的规定性的把握。概念的内涵规定了概念的外延，概念的外延也影响着概念的内涵。

例如对"美女"这个概念，不同的定义会产生不同的内涵，以下就是两种定义产生的两种内涵：

"美女"的内涵一：一个人心仪的、欣赏的女性。

"美女"的内涵二：有修养的、气质高雅的、容貌秀丽的女性。

这两种内涵下"美女"的外延也是不一样的：

内涵一的外延：仰慕的女明星、暗恋对象、爱人、情人等。

内涵二的外延：中国古代四大美人、职场丽人等。

由于两种内涵的定义方法中，又使用了"心仪""欣赏""容貌秀丽""气质高雅"等多个概念，因此这两种内涵的外延就有可能出现重叠、包含等。

因此，要想表达自己的观点、论证和推理时，首先要做的是定义和划分核心概念的内涵和外延。

判断

对事物之间联系或关系的逻辑反映是判断的内容，在形式上，判断表现为概念和概念之间的联系或者关系。

判断在形式上，通常用一个命题表达出来，例如"我们应该奉献一点爱心。"

判断可以用反诘疑问句来表达，例如"难道我们不能奉献一点爱心吗？"

在祈使句、感叹句或者疑问句，这些倾向于指使、感叹、怀疑的句式，一般不会表达判断。

判断具有两个简单的逻辑特征：

第一，任何判断必定有所断定。即必定有所肯定或者否定。

第二，任何判断必定有真假，即或者是真的或者是假的。

判断可以分为真判断和假判断。一个判断是否是实际情况的反映，二者之间是否存在本质的出入，明确这些是确定真假判断的必要手段。

例如2015年上半年曾有媒体刊文发表了一个判断："4000点是牛市的起点"。由于这一判断与接下来三个月的股市走势背离，因而就是一个假判断。

简单判断和复合判断是两种主要的判断形式。

本身是单一的、不包括其他形式的判断是简单判断。简单判断又包含性质判断和关系判断两种形式。

判定事物之间不同属性、不同性质的判断是性质判断，包括全称肯定判断、全称否定判断、特称肯定判断和特称否定判断四种基本形式。

判定不同事物之间的关系的判断是关系判断。其中包括对称关系、非对称关系和半对称关系等。

举例如下：

"所有商品都有价格"——全称肯定判断。

"任何知识都不是先天就有的"——全称否定判断。

"有的官员以权谋私"——特称肯定判断。

"有的鸟不会飞"——特称否定判断。

"甲是乙的同乡"——对称关系判断。因为"同乡关系"是对称关系,也可以说"乙是甲的同乡"。

"甲是乙的爸爸"——非对称关系判断。因为"父子关系"是不对称的关系,不能对称地说"乙是甲的爸爸"。

"甲爱乙"——半对称关系判断。因为"爱"可能是对称的,也可能是不对称的。"乙也爱甲"或者"乙并不爱甲"。

与"简单判断"相对应的是复合判断,是指以某个或某些判断作为其构成要素的判断,其自身包含了其他判断。复合判断借助于逻辑联结词把由两个或两个以上的判断构建成一个新的判断。

复合判断包括负判断、联言判断、假言判断、选言判断等形式,举例如下:

"并非一切产品都是商品"——负判断:由原判断加上否定联结词"并非"而形成的复合判断,是通过否定某个判断所得的判断。

"企业家既创造就业机会,又创造社会财富"——联言判断:是指断定几种事物情况同时存在的判断。联言判断的语言形式比较复杂,常用的逻辑词有:并且(他知识渊博并且多才多艺);既……又……(他既有胆又有识,既有刚又有柔);不但……而且……(他不但足智多谋,而且胆大心细);虽然……但是……(他虽然有专业知识,但是缺乏实践经验);一方面……另一方面……(他一方面工作赚钱,另一方面复习考研)。

"只有藏富于民才能实现经济的持续繁荣""如果公司亏损,那么股价势必下跌"——假言判断:断定事物情况之间的条件关系。条件有必要条件、充分条件、充分又必要条件三种，相应地，假言判断也就有三种。

"他要么帅，要么富，要么有才""这个事故或者是天灾，或者是人祸"——选言判断：断定在几种可能的情况下，至少有一种情况存在的判断。

演绎推理

所谓演绎推理，就是从一般性的前提出发，通过推导即"演绎"，得出具体陈述或个别结论的过程。

演绎推理的逻辑形式对于人的理性和理性思考有着重要的意义，它对人的思维保持严密性、一贯性有着不可替代的校正作用。

演绎推理也叫三段论推理，由一个结论和一大一小两个前提组成，大前提是抽象得出一般性、统一性的成果，即一般原理（规律）；小前提是指从一般到个别的推理，从这个推理，然后得出结论，指的是个别对象。是从普通到特殊再回到个别的推理，又叫从规律到现象的推理。

例如：

"不法分子都害怕法律的制裁"——大前提。

"强奸犯是不法分子"——小前提。

"所以强奸犯害怕法律的制裁"——结论。

又例如："自然界一切物质都是可分的，基本粒子是自然界的物质，因此，基本粒子是可分的。"

演绎推理是科学研究和解决问题的基本思维方式。爱因斯坦说：理论家的工作可分成两步，首先是发现公理，其次是从公理推出结论。

归纳推理

根据一类事物的部分对象具有某种性质，推出这类事物的所有对象都具有这种性质的推理，叫作归纳推理（简称归纳）。

例如：直角三角形内角和是180度；锐角三角形内角和是180度；钝角三角形内角和是180度；直角三角形，锐角三角形和钝角三角形是全部的三角形；所以，一切三角形内角和都是180度。

这个例子从直角三角形，锐角三角形和钝角三角形内角和分别都是180度这些个别性知识，推出了"一切三角形内角和都是180度"这样的一般性结论，就属于归纳推理。

归纳推理包括完全归纳法和不完全归纳法，前面关于三角形内角和的例子，属于完全归纳推理。

"金导电；银导电；铜导电；铁导电；铝导电；所以，一切金属都导电。"由于金、银、铜、铁、铝并不能代表全部的金属，因而属于不完全归纳推理。

不完全归纳推理在现实生活中具有极大的意义。由于完全归纳推理具有一定的局限性和不可实现性，当需要归纳推理的单位数量过大，例如：某乡镇5000名农民均在最低生活标准以下。在这个命题下，归纳者若需要遵循完全归纳推理原则，就需要调查全部5000名农民的实际情况，对集合内所有要素进行逐一了解，这是一种不实际的推理原则。

而不完全归纳推理相对完全归纳推理而言，在集合中抽取少量或具有代表性的元素，例如：某校三年级同学学习成绩均良好。在这个命题下，归纳者若遵循不完全归纳推理原则，则可以随机抽出该年级部分同学，通过对这些抽取的要素进行调查，就可以得出一个大概的结论，从而肯定或是否定原命题。

类比推理

当两个或者两个以上的事物在某种属性上一样,从而判断它们另外的属性是不是也一样的推理我们称为类比推理。其逻辑结果的表达为:

A事物具有属性a、b、c、d;(基础范围的特征或因果关系,属于知识经验)

B事物具有属性a、b、c;(目标范围的特征或因果关系,属于观察实验)

所以,B事物也可能具有属性d。(映射:问题情景成为基础情景的镜像)

曾经有这么一个故事,有一个人的母亲,非常信佛,每天都在佛祖面前虔诚地念佛:"南无阿弥陀佛"。后来有一天,这个人早上起床之后就喊他母亲:"妈!"母亲自然是答应了他。

过了一会儿,他又喊:"妈。"母亲还是照样答应他。但是这个人一直不停地喊,母亲终于不耐烦地骂了他一顿,这个人却一脸笑意地对母亲说:"阿弥陀佛每天被你喊那么多次都没烦,怎么我才喊您这么两声您就不耐烦了呢?"这个人就是用类比推理来劝导他的母亲的。

小光和小明是一对孪生兄弟,刚上小学一年级。一次,他们的爸爸带他们去密云水库游玩,看到了野鸭子。小光说:"野鸭子吃小鱼。"小明说:"野鸭子吃小虾。"哥俩说着说着就争论起来,非要爸爸给评评理。爸爸知道他们俩说得都不错,但没有直接回答他们的问题,而是用例子来进行比喻。说完后,哥俩都服气了。

以下哪项最可能是爸爸讲给儿子们听的话?

A.一个人的爱好是会变化的。爸爸小时候很爱吃糖,你奶奶管也管不住。到现在,你让我吃我都不吃。

B.什么事儿都有两面性。咱们家养了猫，耗子就没了。但是，如果猫身上长了跳蚤也是很讨厌的。

C.动物有时也通人性。有时主人喂它某种饲料吃得很好，若是陌生人喂，怎么也不吃。

D.你们兄弟俩的爱好几乎一样，只是对饮料的爱好不同，一个喜欢可乐，一个喜欢雪碧。你妈妈就不在乎，可乐、雪碧都行。

显然，选项D是唯一合乎逻辑的答案。

我们有必要进一步讲清提高类比推理结论可靠性程度的条件，因为类比推理的结论是或然性的，如下：

第一，如果先前可以确认的相同属性越多，那么结论就越可靠。（这是从相同属性的数量上来看的）。

比如：航天飞机上天的时候，常常会用猴子来做试验品，其原因就是因为后者本身就和人类的很多属性相同，相同的属性越多，当然结论的可靠程度就越大。

第二，如果先前可以确认的类推属性和相同属性之间的关系越密切，那么你的结论可靠性自然就越大（这是从相同属性的质量上来看的）。

比如：我们国家的浙江黄岩，是柑橘的产地，很多美国学者都来进行考察，发现黄岩的地质结构和加利福尼亚州很相似，于是他们觉得把黄岩的柑橘移植到加利福尼亚肯定能获得很好的产量，结果真的如他们所愿。

这就是因为柑橘的产量与自然条件之间有着密切的联系。反之，很多人会容易犯"机械类比"的逻辑错误，相同属性和推出属性之间如果没有什么联系，是绝对不可以把它们当成依据的。还有人说火星和地球都是太阳系的行星，它们都围绕太阳转并且自转，既然地球上有生命，那么火星上也必然会有生命的存在，这个就是典型的"机械类比"，我们都知道生命是蛋白质与核酸作用的结果，是与星球的公转、自转没有任何联系的。

第三，要注意分析类比对象与推出属性之间是否有排斥性。如果有不相容的属性则不能进行类推。

归纳和演绎

从概念上说归纳就是从细节到整体的过程，是从事物的一般现象经过实践的印证进行归纳，总结出一般结论的过程。

演绎法即以已有的事实为基础，以一定逻辑思维假设，进而进行推断结论的过程。

演绎法与归纳法一起经常运用在同一事物的逻辑思维之中。

比如，用鸡蛋碰石头，只要是石头不发生改变，那么鸡蛋就一定会碎。经过多次这样实验之后，你可以归纳出一个结论，相比较石头而言，鸡蛋是比较容易碎的。

再从归纳的结论出发，你可以发散进行演绎，其他不同硬度的物质碰撞石头上也会碎掉，比如说玻璃。

归纳的局限性就是只能针对一件事物的某一结论，而不能发散到其他的事物中去。归纳和演绎一起运用，可以推理出多元的结论，进行思维发散和思维创新。

比如：QQ提供了免费的互联网社交服务，Baidu提供了免费的互联网搜索服务，360提供了免费的在线杀毒服务，因此提供免费的互联网基础服务，能够快速获得用户。这是归纳法。

然后从归纳法形成的结论出发，进行演绎：

大前提：提供免费的互联网基础服务，能够快速获得用户。

小前提：搜狗输入法提供了免费的互联网基础服务。

结论：搜狗输入法能快速获得用户。

还有想到那些小前提呢？例如：

小前提：今日头条提供了免费的新闻资讯服务。

结论：今日头条能快速获得用户。

演绎有助于思维的发散，但是在发散的过程中，并不能够保证结论的必然正确。

继续前面的例子：

小前提：微信公众号提供了免费的阅读服务。

结论：微信公众号能快速获得用户。

"微信公众号能快速获得用户"，这个结论并不必然为真。因为用户的数量增长到一定数量后，就不会再增长，而提供免费阅读服务的公众号却日益增多，此时，能否快速获得用户取决于推送内容的质量和差异性，而不仅仅是免费。

比较和分类

1.比较法

比较法即比较事物内部之间的共同点和差异点的思维模式。

例如可以比较中国经济与美国经济的共同点，也可以比较中国经济与美国经济的差异点。

比较的方式有很多种，例如从事物的外部面貌分类有数量、质量比较。

例如可以从数量上比较中国经济与美国经济的总量规模、增长速度、人均GDP等，也可以从质量上比较中国经济与美国经济的生产要素投入产出比、绿色GDP、失业率等。

从范围分类上又分为结构、理论比较等等。

例如可以比较中国经济与美国经济的产业结构、经济发展模式、资源配置方式。

一般地说，主要有三种常见的比较方法：横向比较、纵向比较和理想类型比较。

横向比较就是纵观事物之间在同一时期同一状态下的不同特点。

（1）可以是同性质事物之间的比较，例如相同级别的中学之间评级。

（2）也能是不同种类事物之间按照某一参照物进行比较，如小学和中学每年开展活动的开支进行比较；

（3）当然也能是在一个事物内部，不同元素的比较，比如一所高中学校的高三和高二班级进行男女生比例比较。

纵向比较就是对同一事物或者事物之间在不同时期的不同特点，能够纵观事物发展的历史顺序，以及不同历史条件下的不同特点。

（1）时间就是最好的标尺，不仅可以是不同时间的比较，比如，某位学生在一年12个月中整体长身高的曲线图。

（2）还可以是同一时期不同阶段的比较，比如这位同学青春期每年的身高增长图。

纵向比较法比较明显地揭示了事物发展的趋势，容易从其他的形态中区分出来。

理想类型就是从具体独特的现象中抽取一些主要性质，舍弃其他性质而建立的典型或标本。

例如西方学者韦伯把新教伦理解释为资本主义产生的原因，是在将新教与东方宗教进行比较后提出的。

又例如当代学者在比较联想集团和华为公司20多年的发展历程时，把每年的"研发占销售收入的比重"作为一个理想指标，得出结论：华为通过持续地高于联想的研发投入后来居上，成为中国最具竞争力的科技企业，在通信设备、智能手机等领域独占鳌头，而联想不仅在原有的电脑业务上徘徊不前，而且在智能手机等新业务上屡败屡战。

理想类型比较的优点是能在非常复杂的事物间建立比较关

系，发现比较隐秘的共同点和差异点，缺点是由于会舍弃其他的特征和性质，得出的结论不一定准确、全面和客观。

例如韦伯关于资本主义产生的原因的分析，虽然学术影响力很大，但争议也不少。厉以宁在分析中国传统社会没有产生资本主义的原因时，认为并非与东方的宗教伦理有关，而是在中国的传统社会中从未产生过体制外的异己力量有关。

又比如关于联想和华为的比较，虽然二者在研发上的投入差异的确令人印象深刻。但是也有人认为企业的衰落与崛起，根源在于联想创始人柳传志的机会主义风格与华为创始人任正非的技术主义风格的截然不同。

如何进行正确的比较？简言之，就是要建立统一的标准。无论是横向比较、纵向比较还是理想类型比较，只有建立统一的标准，才能在事物内部以及事物间发现意想不到的共同点和差异点，才能更加接近对事物的客观认识。

而且，对于那些表面看起来差距特别大的事物，一定要特别留心，注意它们之间的共同本质。相反，对于表面看似一致的事物，就要注意它们之间的细微的、本质的差异。通过比较，做到异中求同，同中求异。

2.分类法

所谓分类法，就是按照事物之间的相互关系，进行分类或分组，形成一个系统化的结构。

分类是我们面对复杂事物时，化繁为简、理清思路的重要方法。

如果你是一个老板，面对仓库里满屋子的商品，肯定着急尽快把它们卖出去。这时你可以先做下分类：

（1）畅销品：每天都能大量销售的商品。

（2）平销品：每天都在正常销售的商品。

（3）慢销品：每天的销售低于正常数量的商品。

（4）滞销品：基本不动销的积压商品。

分类之后，你就可以有针对性地制定销售策略了，例如对慢销品打折促销、把滞销品作为平销品的赠品进行买一送一等。

科学地分类，须遵循严谨的规则：

第一，要纵观全局，针对事物整体定出一个分类的标准。

分类的标准必须是统一的，例如按性别可以把人分为男人和女人，按年龄可以把人分为老人、中青年、少年儿童。如果把人分为男人、女人、老人和孩子，就是分类的大忌，因为不能把不同标准的分类放在一个类目下。

第二，分类的标准应该尽可能做到相互独立、互不干扰，不能相互替代或是相互包含。

比如，把毕业生分为应届毕业生、211大学毕业生、985大学毕业生，就是犯了这样的错误。

第三，分类的标准应该是逐级把握的，不能跨级分类。如果跨级分类就会变得不伦不类了。

中国的股票分为：

A股：在中国大陆境内用人民币交易的股票。

B股：用外汇交易的中国股票。

H股：在香港上市的股票。

以上可谓中国股票的一级分类。

A股分为:代码6开头的在上海证券交易所上市的股票、代码0开头的在深圳证券交易所上市的股票、代码3开头的创业板上市的股票。这是对"A股"的二级分类。

如果把创业板的股票与H股分在一类，就犯了"跨级分类"的错误，显得不伦不类。

第四，分类时子项不能大于或者小于母项，而且子项之总和必须等于母项，如若不然就会犯下"子项过多"或者"子项不全"的错误。

所谓母项就是分类的对象,而子项就是母项下的各个类目。举例如下:

按年龄把人分为老人和小孩——犯了"子项不全"的错误,子项之和小于母项。

把直系亲属分为:父母、子女、配偶、兄弟姐妹、叔伯婶婶——犯了"子项过多"的错误,子项之和大于母项,因为法律上指的直系亲属一般只包括父母、子女、配偶。

3.分类与比较的关系

人类认识事物的第一步是把事物与其他事物之间不同点单独拿出来,把相同的进行归合统一,就可以区别其他的事物了。所以比较就成了前提,而分类就成为了比较的结果。

人类认识事物的第二步,就是要把新兴事物划分到一个类别之后。这个过程要经过全面系统并且深入的比较,才能分析出不同类别事物的本质和特点。这时比较就是分类的结果了。

分析和综合

1.分析法

分析就是把一件事情、一种现象、一个概念分成较简单的组成部分,找出这些部分的本质属性和彼此之间的关系。

分析的意义在于细致的寻找能够解决问题的主线,并以此解决问题。

一般来说,分析的步骤有以下三步:

(1)就是把研究对象看作一个整体,并且分解成各个单元部分。

(2)对各个单元部分进行分析。

(3)对各个单元部分在整体里所起的作用进行分析,并且找到关联性。

具体谈如何分析。分析的方法在不同的学科中都有其规范，现在我们就介绍4种最常见的分析法：

（1）根据属性进行分析。即对研究对象进行"质"的方面的分析。

具体地说是运用归纳和演绎、分析与综合以及抽象与概括等方法，对获得的各种材料进行思维加工，从而能去粗取精、去伪存真、由此及彼、由表及里，达到认识事物本质、揭示内在规律。

（2）根据数量进行分析。对现象的数量特征、数量关系与数量变化的分析。定量分析作为一种古已有之但是没有被准确定位的思维方式，其优势相对于定性分析的是很明显的，它把事物定义在了人类能理解的范围，由量而定性。

（3）因果分析。要注意因果对应，任何结果由一定的原因引起，一定的原因产生一定的结果。因果分析是根据事物之间的因果联系，通过分析事理，揭示事物本质，事物之间的因果关系，来证明事物发展趋势的一种论证方法。

（4）系统分析。从系统需求入手，从单元观点出发建立系统模型。系统模型从概念上全方位表达系统需求及系统与单元的相互关系。系统分析在单元模型的基础上，建立适应性强的独立于系统实现环境的逻辑结构。

2.综合法

把分析过的对象或现象的各个部分、各个属性联合成一个统一的整体。跟"分析"是相对的。

综合法并不是简单的把各个单元部分进行简单的拼接组合。而是通过纵观整体的每一个部分之后对本质、因素之间的联结。通过各个内部之间的联系，从整体上去综合事物内部联系的一种方法。

其要求是通过整体掌握事物单元部分的各个属性，在此基础之上，联系单元部分加以补充概括，再现事物整体。

比如，哺乳类动物是主要的动物组成部分，我们想要理解，又不得不去进行分类研究，将其分为原兽亚纲和兽亚纲，通过恒温习性等多个元素去分门别类地研究。

3.分析与综合的关系

我们先来认识分析和综合的区别：

分析就是把事物的整体或过程分解为各个要素，分别加以研究的一种思维方法和思维过程。只有对各要素首先做出周密的分析，才能从整体上进行正确的综合，从而真正地认识事物。

综合就是把分解开来的各个要素结合起来，组成一个整体的思维方法和思考过程。只有对事物各种要素从内在联系上加以综合，才能正确地认识整个客观对象。分析与综合是统一的科学思维方法，我们既要注意在综合指导下的深入分析，又要注意在分析基础上的综合。

分析与综合密不可分。

首先，两者都为彼此做铺垫。

分析和综合是两个完全相反的思维方法。一个是由多到少，一个是由少到多的过程。比如，在认识某一药品的真正理疗作用的时候，我们只有把组成部分逐个分析之后，才能最终认识到其理疗作用。

其实这样简单的认识并不能真正反映事物的本质，只能是一个侧面或者是仅仅一种联系。唯有再次或多次运用分析和综合思维，才能透过现象看到事物的本质。

分析和综合是二者互相依存、不能分割的两个思维方法。

分析是综合的前提和基础。在整个思维论证的过程也同样适宜。随着事物的发展，我们不得不通过实践验证事物的正确性，也就是一个不断综合、不断分析的过程。所以，综合为分析打下基础，分析又为综合来做论证。

其次，二者又是相互统一相互辅佐的。

任何事物在发展的过程中，都会经过分析综合这样一个步骤得以存在。所以在人类认识事物中，就不能只停留于表象，抑或只是知道总结论而不加以发展。

换句话说，没有分析，任何意义上的综合都不能称之为综合。相反，没有综合，那思维就只能停滞不前，无法得到事物内部之间的联系了。

最后，二者是可以互相转化的

从感性认识上升到理性认识，从事物现象上升到事物本质。其过程都离不开分析和综合。分析事物本质的最终也就是一个建立理论综合的过程。如果在综合过程中，随着研究的深入，必然会遇到矛盾，而矛盾我们就要分析进行解决了。所以认识事物的整个过程就是分析综合，再分析再综合的过程。

语意预设

预设是逻辑学中的一个术语，语意预设是判断一个命题是否是真命题还是假命题的前提条件，不管是要确认还是否定这个命题都要提前做的一个假设。

当说话者说出一句话时，有些条件一定是要说话双方都知道才恰当时，就需要在说出这句话之前做语意预设。由于在日常交际生活中，交谈在特定的语境中进行的，交谈的双方也往往具有共同的背景，所以没必要把所有的前提一一列出。

但是判断哪些前提是否需要列出，就看省略这些前提是否会引起交谈双方的推理错误。但是还可能出现这样的情况，这些前提本身就存在逻辑错误，所以不管省略还是不省略，都会引起错误。

这个时候就需要把所有的前提、假定拿出来，判定这些假定是否真实真确。也就是说对说话者的预设进行一个推理判断，看是否合理。

有时候，省略前提会导致说话者的话语不够充分有力。这个时候就有必要把前提再拿出来强调一下，用来支持说话者的语句或论证说话者语句的正确性。这种情况，往往是前提与话语存在某种因果关系。

举例如下。

A、B两个人谈论公司某个同事。

A.他是大众公司最能干的部门经理。

B.这怎么可能呢？他平时开的是一辆日本车。

请问，B的判断是建立在哪种预设下的？

1.日本车现在越来越受欢迎，占领了越来越大的国际市场。

2.这辆日本车的性能一定非常优异，才可能吸引公司的部门经理。

3.一个公司的部门经理应当使用本公司的产品，不应该买别的公司的车。

4.他开的那辆日本车可能大众公司在日本的合资企业生产的。

【解题分析】

大众公司自身就是世界著名的汽车生产厂商。作为公司的员工有义务维护和树立公司的形象，更何况是公司的管理人员。

作为部门经理，如果都不开自己公司的车，而开别的公司的车，很容易让人产生不好的联想：大众公司的经理都不喜欢自己公司的车，去选择别的公司的车，大众一定比不过别的公司。所以B的结论应该是建立在3 的预设下的，其他的预设都不会导致B得到这样的结论。

母亲要求儿子从小就努力学外语，儿子说："我长大又不想当翻译，何必学外语。"

以下哪项是儿子的回答中包含的前提？

A.要当翻译，需要学外语。

B.只有当翻译，才需要学外语。

C.当翻译没什么大意思。

D.学了外语才能当翻译。

E.学了外语也不见得能当翻译。

【解题分析】B。选项C只反映儿子对当今翻译的态度，可直接排除。选项E是说"学外语"不是"当翻译"的充分条件，但并不能说明"当翻译"是"学外语"的必要条件，不选。选项A和D也不选，因为这两项中，"当翻译"是"学外语"的充分条件，并不一定必要，不当翻译照样可以学会英语。

王大妈上街买东西，看见有个地方围了一群人。凑过去一看，原来是中国血压高日的宣传。王大妈转身就要走，一位年轻的白衣大夫叫住了她，"大妈让我帮你测测血压好吗？"王大妈连忙挥手说："我又不胖，算了吧。"

根据以上信息，以下哪项最可能是王大妈的回答所隐含的前提？

A.只有患高血压的人才需要测血压，我不用。

B.只有胖人可能得高血压病，经常测血压。

C.虽然测血压是免费的，可给我开药方就要收钱了。

D.你们这么忙，还是先给身体比较胖的人测吧。

【解题分析】B。王大妈的话中隐含的前提是"只有胖人才可能得高血压，需要量血压"。

第四章

培养逻辑脑：逻辑思维的训练

　　逻辑思维是人们在认识过程中借助于概念、判断、推理等思维形式能动地反映客观现实的理性认识过程，又称理论思维。那么如何培养这种思维呢？

　　本章介绍了训练逻辑思维的几种有效方法，并配合例子和题目进行了讲解。

排除法

所谓排除法，就是找出与题干意思不同的选项加以排除，或者找出与题干意思相同的选项排除，从而获得正确答案的方法。

此类排除法的提问方式一般表现为：

"与题干意义相同的选项有哪些？"

"与题干意义不同的选项有哪些？"

"以下哪项可以直接反映此问题？"

"以下选项中，有哪项能体现本论点？"

排除法一般可以运用到任何一个问题上，在解决逻辑问题时，也可以选择排除法进行解答。我们可以把排除法的本质称为用已知求未知。在不同的选项中，根据题干得到已知条件，排除与题干相同的条件，就得到了未知的条件。同理，题干中给出了已知条件，根据题干找出与题干不同的条件排除，就得到了最终答案。

运用排除法解决问题的案例，列举如下。

1.清河市的报纸销售量多于路河市。因此，清河市的居民比路河市的居民更多地知道世界上发生的大事。

下列选项中除了哪个选项都能削弱上述论断：

A.清河市的居民比路河市多。

B.路河市的绝大多数居民在清河市工作并在那里买报纸。

C.清河市居民的人均看报时间比路河市居民的人均看报时间少。

D.一种路河市报纸报道的内容局限于清河市内的新闻。

E.清河市报亭的平均报纸售价低于路河市的平均报纸售价。

【解题分析】

正确答案：E。清河市的报纸销量多，是因为人口多，这样，路河市居民反而不如清河市居民更多地知道世界大事。由此可判断A可以削弱论断。故A不是正确答案。继续使用排除法来看，B、C、D也都是削弱题干的论断。因此，以上四项皆可排除。由此，我们来分析一下E。清河市报亭的平均报纸售价低于路河市的平均报纸售价。能说明这是销量高的原因，但不能削弱题干所说清河市的居民比路河市的居民更多地知道世界上发生的大事。

2.关于寻找不同的派遣人的方案，公司内董事持不同的意见：

甲：如果不选派张经理，那么不选派刘经理。

乙：如果不选派刘经理，那么选派张经理。

丙：要么选派张经理，要么选派王经理。

以下诸项中，同时满足甲、乙、丙三人意见的方案是：

A.选张经理，不选刘经理。

B.选刘经理，不选张经理。

C.两人都选派。

D.两人都不选派。

E.不存在这样的方案。

【解题分析】

正确答案：A。这里我们采用排除法得出A的结论。E显然不能成立；D与乙和丙矛盾；C与丙矛盾；B与甲矛盾。从而我们通过排除法得出A为正确答案。

3.某届"金鸡奖"评选结束。甲导演拍摄的《黄河颂》获得最佳导演奖，乙导演拍摄的《孙悟空》获得最佳美术奖，丙导演拍摄的《白娘子》获得最佳配乐奖。颁奖大会以后，甲导演说："真是有趣得很，我们三个人的姓分别是三部片名的第一个字,再说,我们每个人的姓同自己所拍片子片名的第一个字又不一样。"这时候,另一个姓孙的导演笑起来说:"真是这样的!"

基于以上题干,可推出这三部片子的导演各姓什么?

A.甲导演姓孙,乙导演姓白,丙导演姓黄。

B.甲导演姓白,乙导演姓黄,丙导演姓孙。

C.甲导演姓孙,乙导演姓黄,丙导演姓白。

D.甲导演姓白,乙导演姓孙,丙导演姓黄。

E.甲导演姓黄,乙导演姓白,丙导演姓孙。

【解题分析】

正确答案:B。采用排除法,首先E可排除,因为每个人的姓和所拍电影的第一个字不一样。所以,甲导演不可能姓黄。同理,D和C都可排除。而甲导演说有趣时,来了一个孙导演,也就是说,甲导演不可能姓孙,也不能姓黄,所以甲导演姓白。于是A也被排除。最后只剩下B为正确答案。

递推法

递推法是一种增进式的求解方法,也就是说我们由原本的思路一步步地刨根问底,利用问题本身所具有的递推关系求问题解的一种方法。

这种方法的关键在于能抓住一些细节加以促进原本的思路,像建造金字塔一样,根据金字塔的走向,一步步地将金字塔累积到顶端。这种探索的方式是一步一个脚印地向前思考,也就是说,我们不仅会在最后得到一个答案,而且过程中的每一步我们都了如指掌。

在探索事物的过程中,每一个事物的原因、结果、表象和本质都需要一一分析。在分析的过程中也许会出现多个分支，那么此时，我们应该秉承着先易后难的原则，逐个分析，最终找到答案。

这种由已知向下分析找未知，由原因找结果，由表象发掘本质的方法能确保每一步过程都尽在掌握。在每一步过程都准确无误的前提下，我们将获得准确的答案和整个过程的清晰脉络。

但是在递推法中需要注意的是，某些推理可能仅仅有一些可以使结论成立的必要条件，但是结论的成立可能依赖于更多的条件，只有所有的必要条件都找到，才能构成充分条件，从而推导出推理的结论。

由此，我们知道，只有集齐所有影响结果的原因，我们才能得到确切的结果。反之亦然。

如何运用递推法解决问题呢？举例如下。

1.如果小明喜欢足球运动，则他要去足球学校学习；如果他不喜欢足球运动，则可以成为足球教练员；如果他不去足球学校，则不能成为足球教练员。

我们根据这个来推断一下：

A.不喜欢足球运动。

B.成为足球教练员。

C.不去足球学校。

D.去足球学校。

E.不成为足球教练员。

【解题分析】

正确答案：D。这是一道复合命题推理的题型，其解题方法是边读题边抽象出推理关系，并记在草稿纸上，通过递推，即可找到答案。由本题题干，可得出以下推理关系：

喜欢足球运动→去足球学校 a

不喜欢足球运动→能成为足球教练员 b

不去足球学校→不能成为足球教练员 c

因此，c等价于它的逆否命题：能成为教练员→去足球学校d

由b和d得出，能得到e，即不喜欢足球运动→去足球学校，所以，由a和e，不管小明喜不喜欢足球运动，都将去足球学校。

2.两个汽水瓶可以换一瓶汽水，一瓶汽水一元钱，如果你有二十元钱最多可以喝到几瓶汽水？

【解题分析】

这类问题的最好解法是使用递推法，也就是自始至终一步步地推导。

首先，二十元可以买到二十瓶汽水，接着用二十个空瓶可以换到十瓶汽水，十个瓶子又可以换到五瓶汽水，五个瓶子可以换到两瓶汽水，两个瓶子又可以换到一瓶汽水，一个瓶子加上剩下的一个瓶子又可以换到一瓶汽水。这样最后最多可以喝到三十九瓶汽水。

3.从前，一个监狱里有64名罪犯。一次国王心情好，决定释放一人。但释放谁好呢？国王想出了这样一个办法：所有人编号，围一圈，从1开始数，然后是3号、5号、7号……数到的人站出来，然后剩下的继续数，直到剩下最后一个人，就把他放了。一个聪明的罪犯故意占到一个合适的位置上，最后他被释放了。你知道他站在几号吗？

【解题分析】

不妨咱们来这样进行分析：数到单数的站出来，势必一轮下来，剩下的都是偶数的。由此推出他是偶数的最后一名，即64号。

假设法

假设法是一种研究问题的重要方法，也是一种创造性思维活动。

假设法就像在为自己指明一条道路，像茫茫大海中的灯塔。也就是我们先假定那里有一个灯塔，然后根据我们已知的条件向这个灯塔前进。如果在行进的过程中，我们发现方向与我们已知的条件发生冲突，那么此假设就不正确，如果一致，那么此假设成立。

这种假设的方法并不是胡乱的猜测，而是在已知的基础上对未知的一个初步判定。许多科学理论、实验都是应用此方法而获得成功的。

如何运用假设法解决问题呢？举例如下。

1.三位专家对三家上市公司进行预测。

甲说："公司一的市值会有一些上升，但不能期望过高。"

乙说："公司二的市值可能下跌，除非公司一的市值上升超过5%。"

丙说："如果公司二的市值上升，公司三的市值也会上升。"

三位专家果然厉害，一天后的事实证明他们都预言对了，而且公司三的市值跌了。以下哪项叙述最可能是那一天市值变动的情况？

A.公司一市值上升了9%，公司二市值上升了4%。

B.公司一市值上升了7%，公司二市值下跌了3%。

C.公司一市值上升了4%，公司二市值持平。

D.公司一市值上升了5%，公司二市值上升了2%。

E.公司一市值上升了2%，公司二市值有所上升。

【解题分析】

正确答案：C。先假设C为真，公司一的市值上升了4%，未能超过乙预言的超过5%，所以公司二的市值下跌。这里只是说了可能，也就是说有下跌的可能，并不是非常之肯定。

2.社区举办一次中国象棋比赛，有10名群众参加，比赛采用单循环赛制，每位参赛者都要与其他9名参赛者比赛一局。

比赛规则为，每局棋胜者得2分，负者得0分，平局两人各得1分。

比赛结束后，10名参赛者的得分各不相同，已知：比赛第一名与第二名都是一局都没有输过；前两名的得分总和比第三名多20分；第四名的得分与最后四名的得分和相等。那么，排名第五名的同学的得分是：

A.8分

B.9分

C.10分

D.11分

【解题分析】

正确答案：C。

由题所知每场比赛产生的分值是2分。计算得知比赛一共进行了45场。因此产生的分数总值是90分。

假设一个人全部赢，那么个人最高分值是18分。由题干1得知第一名和第二名都没输过。那么可以推断出第一名最少有过一次和棋，这样算来第一名最多17分，第二名16分。

再根据题干二，前两名的分数总和比第三名高20分，所以第三名的分数最多为13分。假设第四名为12分，第7、8、9、10名的分数和为12分。第五名为11分，第六名分数为9分。因此。答案选D。

为什么假设第四名为12分，因为其他的假设都是错误的。如下表所示：

	第1名	第2名	第3名	第4名	第5名	第6名	后四名
假设一	17	16	13	11	分数和为22		11
假设一	16	15	11	10	分数和为28		10

在假设一中，假设第4名是11分，那么第5、6名的分数和为22分。由于它们各自的分数肯定小于11，所以它们的和为22是不可能的，推翻假设一。

同理，也能推翻假设二。

3.希吉、里克、伊凡和康奇四名犯罪嫌疑人因一起谋杀案而被警方审讯。他们的口供如下：

希吉："是里克干的。"

里克："是康奇干的。"

伊凡："我没有杀人。"

康奇："里克在撒谎。"

这四个人中，只有一个人说了真话。那么到底谁是凶手？

【解题分析】

假设希吉说的是真话，那么就一定是里克干的，而伊凡又说："我没有杀人。"根据假设可知，他说的是假话，那么也就是说他杀了人，这与希吉说的"是里克干的"相矛盾，所以希吉说的是假话。如果里克说的是真话，那么依然与伊凡说的："我没有杀人。"相矛盾。如果说伊凡说的是真话，那么里克和康奇的话又是矛盾的，所以只有康奇说的是真话。结论就是伊凡杀了人。说真话的是康奇。

倒推法

倒推法是从问题的结果出发，利用已知条件一步步倒着推理，直到求得问题答案的方法。

当一件事情从开始到结果经历了复杂的变化，这会让我们在推理时不知所措，但有些时候我们可以选择一种逆向思维，就是由结果向开始去推理。

人们虽然比较习惯于正向的推导，但有些问题即使能够使用正向的推导，得出的结论也不一定是正确的。

倒推法采用的逆向思维，很大程度上能帮助我们改变传统思维，站在不同的角度看待问题。

如何运用倒推法解决问题呢？举例如下。

1.海盗分金。五个海盗分别抽签排出1~5的顺序，依次顺序来说出方案如何来分100个金币。但方案必须由大多数人同意才能通过，否则将被扔进海里喂鱼，而剩下的人将继续分金。

那么1号出怎么样的方案才能既获得最多的金币又能保住性命呢？

【解题分析】

这时候我们采用倒推法最为合理。

首先我们由5号开始，不论前面每个人出什么样的方案5号必然投反对票，因为一旦前面的人都被扔进海里，那么5号就可独享100个金币。

所以，4号也清楚5号的意图，4号只有支持3号才能保命。3号会一直投反对票直到自己拿出方案，因为最后只剩下3个人，而且4号为了保命必须支持3号，由此3号可以提出自己拿100金币的方案。

2号肯定会抛弃3号，给4号和5号最少的1金币，自己拿98金币，这样4号和5号不得不支持他。

最后我们来说到1号，那么1号只有放弃2号，提出给3号1金币，4号或者5号2金币，自己拿97金币的方案。

这样，2号不会同意，3号肯定同意，4号或5号谁得到钱，谁肯定会同意。最后再加上1号自己的一票。这样1号的方案得以通过，获得了最大的收获。

2.守财奴的金币。一个守财奴有一袋金币，他每天都要数一遍，看看数量是否还对。他数金币的方法有点与众不同：他分别按照2个一数，3个一数，4个一数，5个一数，6个一数，每次数完都剩下一枚。最后他再按照7个一数，这次一个也不剩了。请问，这个守财奴至少有多少硬币呢？

【解题分析】

我们可以先找出2、3、4、5、6的最小公倍数60。然后我们找一个比60的倍数大1的数，这个数还得是7的倍数。就试试60n+1，因为60n+1可以分解为56n+4n+1，其中56n能够被7整除，因此只要4n+1能够被7整除就可以了，这样可以知道n=5，金币数为60×5+1=301枚。

3.猎杀疯狗。某村子有50户人家，每家都有一条狗。但是村子中有些狗染上了疯狗病，于是全村决定猎杀疯狗，规则如下：

只有确定为疯狗的狗才能杀。

杀狗时用猎枪，全村可听到，且村民没有聋子。

每户人家只能看到他人的狗是否疯。

每户人家只能杀自己的狗，即使知道别人家的狗是疯狗也不能杀。

即使知道哪户有疯狗也不能说。

每人每天观察其他人家的狗是否为疯狗。

由此，第一天没有枪声，第二天也没有，第三天枪声响起一片。

那么第三天杀死几只疯狗？

A.3条

B.50条

C.1条

D.49条

【解题分析】

正确答案：A。

采用倒推法的话最为好解。假如有一条疯狗，那么第一天就应该有枪声,因为有疯狗的人家观察到其他人家没有疯狗,那么肯定是自己的狗。

如果有两只疯狗,那么观察后发现第一天没有枪声,这时意识到除了别人家的狗之外还有一条疯狗肯定是自己家的。

所以第二天会响起两声枪响。但题干中提到第二天没有枪声,所以以此类推,第三天会响起三声枪响。

正确答案为A。

如果采用排除法,则会首先排除答案B和D。

4.开箱子。有10名探险队员,每个队员都有一个工作箱。由于工作关系,工作箱不能集中管理,但每个人的工作箱里都可能有别人需要查的资料。一天,这10个人分别去10个不同的地方探险。临行前,队长对他们说:"在外出探险期间,我们是不可能一起回来的,如果有队员需要回来查看别人的资料就很难。现在我们每个人都有两把打开自己工作箱的钥匙,怎样才能使任何一个人回来都能打开任意一个工作箱呢?"

【解题分析】

每个人拿1把自己工作箱的钥匙,然后将10个人和10个工作箱进行编号,将另外一把1号箱的钥匙放在2号箱,把2号箱的钥匙放在1号箱,依次类推,最后将10号箱的钥匙放在1号箱。这样每个人回来,只要打开自己的工作箱,就能够拿到下一个工作箱的钥匙,用钥匙打开下一个工作箱……这样可以依次打开所有工作箱。

分析法

分析法,即通过对事物原因或结果的周密分析,从而证明论点的正确性、合理性的论证方法。也称为因果分析。

分析法是一个基本的方法，适用于各种其他方法的使用过程中。我们也可以说，分析能力的高低取决于一个人的智力水平，但这种能力并不是天生的，而是经过后天的训练而逐渐形成的。

有时，我们需要做的就是通过事物的原因或者结果进行周密的分析，从而来证明论点的正确、合理。我们需要足够的细心，周密的思维，也就是当分析一件事物时，找出其产生、发展的来龙去脉，这是需要缜密的思维来加以确定的。

这种后天的训练就体现在日常生活中对客观事物进行分析的良好习惯。

分析法的首要关键就是，能在思维中将客观事物进行分解，从而使得每一个要素，每个方面独立地存在，然后我们逐一进行考察分析，这有利于我们更好地了解全部细节。通常一般是两个步骤：分解客观事物和对分解出的客观事物进行分别考察。

分析法之所以能成为人们认识客观事物的一种重要思想，就是因为通常我们看到的客观事物是由各个不同的部分组合而成的。这样，呈现在我们面前的事实上是一种笼统的、含糊的、直观的事物，我们很难去了解其本质。就像一块培养皿中的物体，如果我们不用显微镜去看的话，凭我们的肉眼我们永远不知道这个物体的实质是什么。所以，分析法在这里就像一个显微镜一样，把问题细节化、简单化。从而我们就可以很容易地找到事物的本质，对它进行更为深刻的思考。

使用分析法应注意的问题有：首先，分析是建立在客观的基础上的，否则此分析毫无作用。其次，分析并不仅仅是单一方面，我们分解客观事物而得出的部分，它们有不同的属性，我们可以根据不同的属性，从多个方面进行分析。最后就是分析应该有纵深，要从很多层次进行分析。

如何运用分析法解决问题呢？举例如下。

1.一个人花8元钱买了一只鸡，以9元钱卖掉。后来，他觉得不划算，又拿10元钱买了回来，以11元钱卖给另一个人。问他赚了多少钱？

【解题分析】

这个问题看起来有些棘手，其实很简单。你只要把它当成两次交易，第一次8元钱买入9元钱卖出，赚了1元钱；第二次10元钱买入11元钱卖出，又赚了1元钱。由此看来，他一共赚了2元钱。

2.可可每次装睡，都能被姐姐识破。可可觉得很奇怪，问姐姐原因。姐姐说："因为我有特异功能啊！"果真如此吗？

【解题分析】

姐姐没有特异功能。姐姐每次看到可可睡觉，会说"你在装睡"，这样可可如果装睡，就会听见；如果是睡着了，就不知道姐姐说了什么。

3.在一个装了很多水的大水缸浮着一个小塑料盆，小塑料盆里装着一个铁球。如果将这个铁球从小塑料盆里取出来直接放进水缸里，水缸的水面会上升还是会下降？

【解题分析】

水位当然是下降了。因为铁的比重远远大于水，当铁球放在小塑料盆里时，所排走的水的重量等于铁球的重量，体积大约为铁球体积的7.8倍，而铁球在水中虽能排走的水量仅等于铁球的体积，所以水位会下降。

作图法

作图法是一种比较直观的方法，也就是我们把我们所知道的条件都画在一张图或者表格上。这样，问题条件之间的关系我们就能够一目了然了，这对于解决问题来说可以算轻而易举。作图法特别适用于集合型的逻辑题。

如何运用作图法解决问题呢?举例如下。

1.爱斯基摩土著人全都穿黑衣服;北婆罗洲土著人全都穿白衣服;没有人既穿白衣服又穿黑衣服;H穿白衣服。基于以上事实,下列哪个判断必为真?

A.H是北婆罗洲土著人。

B.H不是爱斯基摩土著人。

C.H不是北婆罗洲土著人。

D.H是爱斯基摩土著人。

E.H既不是爱斯基摩土著人,也不是北婆罗洲土著人。

【解题分析】

正确答案:B。具体画一个下图比较形象直观,有利于解题。

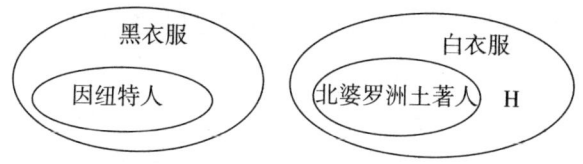

这时候我们就发现,爱斯基摩土著人是穿黑衣服的子集,而北婆罗洲土著人是穿白衣服的子集。而题目中提到没有穿白衣服又穿黑衣服的人,那么也就表明在上图中,两个全集没有交集,而H是位于穿白衣服的全集中。

A显然不妥,因为除题目中涉及的两种人外还可能有其他穿白衣服的人。由图可发现C、D是完全不符合要求的。E在这里就显得有些狭隘了,因为H也有可能是北婆罗洲土著人。所以选择B最为准确。

2.期中考试的成绩。一次期中考试,老师将成绩分为甲乙丙三个等级。现在知道四个学生的成绩,期中有一人三科成绩都是甲;有一人某科成绩为甲,某科成绩是乙,某科成绩为丙;有2人两科相同科目的成绩都为甲;语文成绩中没有乙,丽华和蕾蕾的数学成绩相同;王倩倩的数学成绩和蕾蕾的英语成绩相同,新宇成绩中有一科为丙。丽华的数学成绩和新宇的数学成绩相同。这四个人的各科成绩分别为什么等级？

【解题分析】

此题较为棘手。要综合运用假设法和作图法来解决问题。

假设一：蕾蕾的三科成绩都是甲。则根据题干的信息，能直接得到下表：

	语文	数学	英语
王倩倩		甲	
新宇		甲	
丽华		甲	
蕾蕾	甲	甲	甲

上表的空白处的可能成绩，要符合四个条件：（1）语文的成绩不能为乙；（2）新宇有一门为丙；（3）有一人某科成绩为甲，某科成绩是乙，某科成绩为丙；（4）有2人两科相同科目的成绩都为甲。你会发现这是不可能的，因而推翻假设一。

假设二：丽华的三科成绩都是甲，则根据题干的信息，能直接得到下表：

	语文	数学	英语
王倩倩			
新宇		甲	
丽华	甲	甲	甲
蕾蕾		甲	

上表的空白处的可能成绩，要符合五个条件：（1）语文的成绩不能为乙；（2）新宇有一门为丙；（3）有一人某科成绩为甲，某科成绩是乙，某科成绩为丙；（4）有2人两科相同科目的成绩都为甲；（5）王倩倩的数学成绩和蕾蕾的英语成绩相同。你会发现这是可能的，如下表所示：

	语文	数学	英语
王倩倩	丙	乙	丙
新宇	丙	甲	乙
丽华	甲	甲	甲
蕾蕾	甲	甲	乙

有没有其他的可能呢？读者朋友可继续假设并分析，最后会发现其他假设都不成立。

类比法

类比法是将一类事物的某些相同方面进行比较，以另一事物的正确或谬误证明这一事物的正确或谬误的方法。

比如，我们熟知的富兰克林风筝实验，正是富兰克林在使用类比法进行推理后的产物。

他将天空的闪电和地上的电火花进行比较，发现它们的特征非常相同；不仅发出同样颜色的光，而且都是快速不规则的运动，都能射杀动物，都易燃易爆；正是通过这样的类比，富兰克林由电机导线，想到了将天上的闪电导下来的风筝实验。

A事物有属性a、b、c，又有属性d，

B事物有属性a、b、c，

所以，B也有属性x。

类比也分为不同的类型，我们可以按照不同的标准对类比法进行分类。

根据对象系统之间的关系所具有的形态，从低级到高级把类比分为简单共存类比、因果类比、对称类比、协变类比、综合类比等几种主要类型；

按照类比系统中模型的种类，把类比分为物理类比、数学类比和控制系统类比等。

两个对象之间的类似、相互联系和相互制约是类比方法的基础，但不等于类似就一定有联系；为什么要提到相互联系和相互制约，因为在两个对象之间不仅存在着相似性，同时也存在着差异性，这可能是两个对象的固有属性，也有可能是偶有属性。

在一定程度上说，类比推论是一种或然推论，他的结论不是绝对的。

为了能够在运用此方法时得到最为确定的结论，我们最好找寻两个对象的更多共同属性，同时被比较对象的共同属性是这些对象中最典型的，同它们的特殊属性密切联系着的属性；任意地选择出进行比较的属性应具有多样性，并且越是其属性本质的越好，共同属性与类推属性越是相关的越好。

以下训练类比思维的训练题，请选出与题干接近的选项：

1.阳光：紫外线

A.电脑：辐射　　B.海水：氯化钠

C.混合物：单质　D.微波炉：微波

【解题分析】

据阳光与紫外线、海水与氯化钠的关系都是整体与组成部分的关系，故选出答案为B。

2.水：温柔

A．热情：火　B.火山：变化　　C.土：敦厚　D.木：繁茂

【解题分析】

题干是名词与形容词的组合，因此可以排除A和B；温柔是对水的褒义描述，而繁茂是对木的中性描述，因而排除D选出C。

3.坚定：信念

A.统一：思想　B.持续：发展　C.金融：工具　D.平原：草丛

【解题分析】

题干两个词语是动词和名词组合，选项中动名组合的可直接选出A。

4.考试：学生：成绩

A.往来：网民：电子邮件　B.汽车：司机：驾驶执照

C.工作：职员：工资待遇　D.饭菜：厨师：色鲜味美

【解题分析】

我们通过分析可以知道"学生通过考试获得成绩"，因此类比可得"职工通过工作获得工资待遇"，进而得出答案为C。

5.根据"杂志对于（　）相当于（　）对于农民"来填空

A.报纸 果农　B.传媒 农业　C.书刊 农村　D.编辑 菠菜

【解题分析】

通过逐项代入我们发现"杂志对于编辑相当于菠菜对于农民"。两者间都是"产品和生产者"之间的关系，因此答案是D。

6.（　）对于行动相当于（　）对于航行

A.目标 灯塔　B.信心 风帆　C.激情 桅杆　D.毅力 水手

【解题分析】

选A，造句子"行动朝向目标"，"航行朝向灯塔"。

综合法

综合法是分析法的一种增进。也就是在分析法中将客观事物的各个部分逐一进行考察后，最后再使用综合法将它们综合起来，从宏观的角度对问题进行整体思考问题。

这样的方法能确保我们在微观与宏观中都保持正确性。

综合法一般包括两个步骤：联合和整体考察。也就是说，先将分解后的各部分联合为一个整体，然后在这个整体上进行全面的考察。

任何的客观事物都是由各个部分构成的统一整体，要全面完整地认识事物就要在分析的基础上加以综合。

分析并不是最终的目的，而是一种深入了解的手段。只有将每一部分都认识清楚，当我们在整体考察的时候，才能把握更深刻的问题关键。

同分析法一样，在综合法中我们也有几条应该注意的原则：

首先还是必须承认事物是客观的，而不是主观臆想的。

其次就是虽然我们考察的是整体，但我们还是需要找到内在的、本质的所在。

最后，既然是综合考察，那么必须是全面的、多角度的考察，而不是单一的线性考察。

举例如下。

1.通航妙招儿。北方某航道管理局小王提出一个提前通航的计划。领导说："河道被冰封住，如何提前通航？难道要造艘破冰船？"小王说："我这个计划靠太阳光！"想一想，小王提出什么办法能使河道提早通航？

【解题分析】

在河道上撒煤粉或黑土。因为黑色物体吸收阳光中的热量多，冰雪可早日融化。

2.每天上午，有一艘客轮从甲地出发开往乙地，并在同一时间属于同一个公司都有一艘客轮从乙地开往甲地。客轮走一个单程需要7天7夜。请问：今天上午从甲地开出的客轮，将会遇到几艘从对面开过来且属于同一个公司的客轮？

【解题分析】

从甲地开往乙地的客轮，除了在海上会遇到13艘轮以外，还会遇到2艘：一艘是在开航时候遇到，另一艘是到达乙地时遇到的，所以，加起来一共是15艘客轮。

3.瞎子买肉。一个瞎子走进了一家肉店想买肉，他连叫了几声却无人回答。他知道无人，便伸手在放肉板上乱摸，哪知一下摸到了四个一元的硬币，他赶忙把硬币放进口袋里，然后就要走出肉店。碰巧卖肉的人从屋内走出来见到了,便追出来抓住瞎子,要他把钱拿出来。瞎子大喊道:"天啊,欺我是瞎子,想抢我的钱啊!"假如你这时正好来这里买肉,瞎子和店主请你评理,你怎样才能证明瞎子袋里的四个硬币是偷来的?

【解题分析】

叫店主端一盆水来,让瞎子把四个硬币放进水里。硬币进水后如果水面浮起油脂,那就证明钱是店主的。

计算法

当逻辑判断涉及到数学问题,也就是题干或者选项里含有数据或者和数据有关的叙述时,要将思路拓宽,敢于借助数学计算法来解题,不要认为数学方法不能解答逻辑题。

举例如下。

1.某健身俱乐部进行了一次减肥实验。在为期10周的时间里,参与者平均减肥9公斤,其中女性平均减肥7公斤,男性平均减肥13公斤。健身教练把减肥效果的差异总结为参与者中的男性比女性在减肥前体重重。

以下结论哪个可以通过上文的描述推出?

A.参加者中女性减肥前都比男性减肥前轻。

B.所有参加者体重均下降。

C.参与者中女性比男性多。

D.参与者中男性比女性多。

E.参与者中,男性减肥后都比女性轻。

【解题分析】

正确答案:C。

采用计算法解析:设男性参加减肥人数为p,女性参加减肥

人数为q。则有

$$9(p+q)=13p+7q$$

所以，q=2p

显然，女性参加减肥人数多于男性。

2.八仙过海。8位神仙没有水上行走的轻功，他们要过海还得坐船，但海边没有船，只有一只小竹筏子，每次最多只能坐3人，这只竹筏子最少要几次才能把8位神仙渡过海去？

【解题分析】

这只竹筏子最少要3次才能把8位神仙渡过海去。

3.多才多艺。某大学的一间学生宿舍里居住着8名大学生，已知其中有6人会游泳，有5人会滑冰，有4人会打乒乓球。该宿舍内这三种运动都会的最多能有几人？

【解题分析】

该宿舍内这三种运动都会的最多能有4人。

4.蚂蚁搬兵。一只蚂蚁外出觅食，发现一堆食物，它立刻回巢招来10个伙伴，可还是弄不完。于是每只蚂蚁回去各找来10只蚂蚁，大家再来搬，还是剩下很多。于是蚂蚁们又回去叫同伴，每只蚂蚁又叫来10个同伴，但仍然搬不完。蚂蚁们再回去，每只蚂蚁又叫来10个同伴。这一次，终于把这堆食物搬完了。你知道搬这堆食物的蚂蚁一共有多少只吗？

【解题分析】

一共有14641只蚂蚁（1+10+110+1210+13310）。

5.分糖果。三个小男孩一共有770颗糖果，他们打算如往常那样，根据他们年龄的大小按比例进行分配。以往，当老二拿4颗糖果时，老大拿3颗；而每当老二得到6颗时，老三可以拿7颗。你知道每个男孩可以分到多少颗糖果？

【解题分析】

770颗糖果的分法如下：老大分到198颗，老二分到264颗，老三分到308颗。

在解此题时,老二的数量是关键。不妨设老二的糖为12X颗（4、3、6的最小公倍数为12），则老大的糖为9X,老三的糖为14X。12X+9X+14X=35X=770,X=22,此题得解。

第四章 培养逻辑脑:逻辑思维的训练

第五章

逻辑谬误：不讲道理的人怎么总有理？

本章简单介绍一些常见的逻辑谬误。

当某句言论或者论断，因在逻辑上不成立而显得荒唐、谬误时，我们就说提出者犯了逻辑谬误。

当你与别人讨论，尝试获得答案或解释时，如果对方犯上了逻辑谬误而不知，那你和他的讨论会是无意义的。

若想改变局面，你可以尝试向对手要求证据或提供其他假设，令你获得更好或更简单的解释。如果都失败了，你可以尝试指出对方的逻辑谬误，提醒对方意识到自己的错误。

由谬误可以推出任何一句话

"由谬论可以推出任何一句话"的概念是英国哲学家罗素最先提出的,这句话的英语原文是"Everything is implied by a fallacy"。该论断已经成为逻辑学的一条定理,也称为"由任何一句假话都可以推出任何一句话"。

罗素举了一个荒谬的例子:"如果1+1=3,那么罗素是教皇",并给出了"证明"。

根据自然数3的定义,3=2+1,但已知1+1=3,所以1+1=2+1,利用等量公理得到1+1−1=2+1−1,即1=2;考虑集合{罗素,教皇},这个集合的元素个数为2,但是已证1=2,所以也可以说这个集合的元素个数为1,由此可以得出罗素=教皇,证毕。

通过这个例子,可以给出对于"逻辑蕴含"(即"推出")的形式定义:"P→Q当且仅当Q为真或P为假"。

这里有一个很经典的悖论:若在某一个小岛上,有一个人说:"我们岛上的所有人说的都是假话。"但他就是那个岛上的人。

若这句话正确,及他说的也是假话,那这个岛上的人说的都是真话。若岛上的人说的都是真话,即那个人说的也是真话,即岛上所有人说的都是假话。若如此,即此人说的也是假话,那么岛上所有的人说的都是真话……

相反,若他说的这句话是假话,即岛上的人说的都是假话,他也说假话。若他说假话,那么岛上的人都说真话,他也说真话。若……

这就是典型的逻辑谬误的例子。

两难推理谬误

所谓两难推理，就是无论条件怎么样，结果都是一样。

例如：如果明天下雨，我不能出去玩，因为我没有雨鞋；如果明天不下雨，我也不能出去玩，因为我要去看望外婆。

又比如基辛格在答记者问时用到的两难推理。基辛格参加美苏战略武器谈判并签署协议之后，立即在自己下榻的饭店举行记者招待会。在会上，他透露说："苏联每年大约有生产250枚导弹的能力。"

"我们美国呢？"敏感的美联社记者马上接过话头，"我们的导弹生产能力怎样？核潜艇又有多少？"

"很抱歉！我不知道美国每年生产导弹的枚数，"基辛格答道，"不过，核潜艇的数目我倒是清楚的，但我不知道是不是属于保密的。"

"不属于保密的！"那记者又立刻说道。

"不保密吗？"基辛格微笑着说，"那好，你能告诉我有多少吗？"

当基辛格说自己不知道是否需要保密时，其实已经让记者陷入到两难推理的境地：

（1）如果是保密的，那基辛格不会说。

（2）如果不是保密的，那基辛格不必说。

也有"错误的"两难推理，是逻辑谬误的一种。

错谬：它对讨论的问题，提出看来是所有可能的选择或观点（一般是两个），但其实这些选择并不全面，亦不是所有的可能。

例子：

问：如何看待伊拉克战争？

答：萨达姆是邪恶的，所以美军是正义之师。

解释：世界上除了正义战胜邪恶，还有邪恶战胜邪恶以及许多正邪难分的战争，因此不能单因萨达姆是邪恶的便认定美军是正义的。

问：人类是怎样起源的？

答：要么人类是上帝创造的，要么人是从猴子变成的。

解释："上帝创造"及"猴子变成"并不是人类来源的所有可能，除非能证明除这两种可能以外，人类无可能有其他来源，否则这句并不成立。

你高中毕业后如果考不上大学，那下半生就会和我一样在工地搬砖。

解释：这样的话语，若不能识破其中的荒谬而信以为真，就会让人对未来悲观无望。事实上，英雄不问出处，人生处处精彩，就算考不上大学，下半生也不一定只能在工地搬砖，干什么不行啊？

无知谬误

错谬：因为不能否定，所以就必然肯定，或者因为不能肯定，所以就必然否定。

例子：
没有人能证明鬼不存在，所以鬼肯定存在。
我们都不能肯定明天股票会涨，所以明天股票肯定不会涨。
没有他的领导，我们就不会有今天的成就。

解释：人类的知识是有边界的，因而无知是一种合理的存在。总有些事情是人们既不能肯定也不能否定的，在肯定和否定之外，应允许"存疑""待证""可能"。

全知谬误

错谬：当轻易地对事物的整体下结论时，由于人们没有办法了解每个个体的情况，因而被误导。

例子：

每个中国人都是改革开放的受益者，这是不容争辩的事实。

解释：在逻辑上，这句话没法同意，也难以反驳，需要辩者有全知能力以清楚每个人的情况，而这是很难的。

如果做一个较大样本的社会调查，然后得出结论：超过99%的受访者都认为自己是改革开放的受益者，因此绝大多数中国人都是改革开放的受益者，这是不容争辩的事实。这在逻辑上就会让人信服得多。

某广告：所有人用了都说好。

解释：广告中的"所有人"是哪些人？要识别全知谬误，就要小心如"所有""每个人""每种东西""绝对"等词语。

滑坡谬误

错谬：不合理地使用连串的因果关系，将"可能性"转化为"必然性"，以达到某种意欲之结论。

例子：

动物实验是文明的末日。动物实验有损对生命的尊重；如果不尊重生命，就能容忍暴力；如果容忍暴力，社会将沦为战场，这将是文明的末日。

（一则小学生日记）时间过得真快，一下就到半期考了，现在已经在开始紧张的复习了，我必须要开始努力了，因为我如果不努力，成绩就上不去，我成绩上不去就会被家长骂。我被家长骂,就会失去信心,失去信心就会读不好书,读不好书就不能毕业,不能毕业就会找不到好工作,找不到好工作就赚不了钱,赚不了钱就会没钱纳税,没钱纳税,国家就难发工资给老师,老师领不到工资就会没心情教学,没心情教学,就会影响我们祖国的未来,影响了祖国的未来,中国就难以腾飞,中华民族就会退化成野蛮的民族。中华民族成了野蛮的民族,美国就会怀疑我国有大规模杀伤性武器,我国有大规模杀伤性武器,美国就会向中国开战,第三次世界大战就会爆发,第三次世界大战爆发其中一方必定会实力不足,实力不足就会动用核武器,动用核武器就会破坏自然环境,自然环境被破坏,大气层就会破个大洞,大气层破个大洞地球温度就会上升,两极冰山就会融化,冰山融化,地球水位就会上升,地球水位上升,全人类就会被淹死。因为这关系到全人类的生命财产安全,所以我要在就剩下的几天里好好复习,考好成绩,不让悲剧发生。

解释:例子中的每个推断,其实还有很多不同的可能性,却武断地将某个可能性引申成为必然性,然后串联这些不合理的因果关系,推断成一个荒唐滑稽的结论。动物实验导致文明的末日、不好好学习与全人类会被淹死,这两个例子是典型的滑坡谬误。

复合谬误

错谬:所提出的问题令回答者不论如何回答,都会无可避免地认同一些该问题本身不应该预设的论点。如果问题里面的预设确实被大家认同,那便不算是犯了复合问题的谬误。

例子:
你是否仍然像以前一样地以自我为中心呢?

解释:问题中预设了"你过去以自我为中心"的结论,不论你答"是"或者"否"都等于承认你过去"以自我为中心"的。

你是否同意讨伐那些买日本车的"汉奸"？

解释：问题中预设了"买日本品牌车的人都是汉奸"的结论，这个预设的结论未必成立，因而无论回答同意或者不同意，都是谬误的。如果能分清这一复合谬误，那你应先反驳对方预设的结论。

诉诸同情的谬误

错谬：又称诉诸情感、诉诸怜悯，即借助于打动人们的怜悯心、同情心，以诱使人们相信某命题。

例子：

学生某门课没考好，找到老师说："如果您给我不及格，我的奖学金就没了。"

"你必须同意我的意见，毕竟我都快死的人了。"

解释："诉诸同情"是一种论证中的逻辑谬误，它的前提与结论之间并没有逻辑相关，但在感情上却又似乎成立。结论的真与假，与某人的不幸境况没有必然联系，人类的同情心不是支持结论为真的逻辑理由。

诉诸多数的谬误

错谬：即一个言论仅仅因为受大多数人接受和欢迎便被确认为真。

例子：

全公司的人都同意少交社保，所以你也要同意。

我们都认为一加一等三,所以你坚持一加一等于二是错的。

看!人人都这样说,还会错吗?

解释:真理未必掌握在大多数人手里,也未必掌握在少数人手里。一个结论是否为真,与有多少人欢迎它并无关系。难道众口一词,就能指鹿为马吗?

诉诸结果的谬误

错谬:以有利的或者不利的结果,来证明命题为真,即把利害关系作为论证的依据,或者是用不能证明真假的结果,来进行错误的逻辑推理。

例子:

限制外地人买房是对的,因为我是本地人;你肯定反对外地人限购政策,因为你是外地人。

解释:限制外地人购房的政策是否正确,要从一个城市的人口结构和发展定位等角度去思考,而不能因为对你有利你就支持,更不能因为对别人不利,就认为别人必然反对。

马云有什么了不起,最终也难逃一死。

解释:马云的成就,要从他对社会的贡献等角度来论证,而不能用"人生自古谁无死"来证明他没有什么了不起。如果用"死亡"这一结果,来推理人在世界诸种行为的对错,恐怕连出生都是错的,因为最终难逃一死。

如果你不信神,你将会下地狱被火烧。

如此改革,将会天下大乱。

解释:论断根基于恐惧或威胁,而非逻辑推理。

诉诸权威的谬误

错谬（一）：诉诸权威人士的个人意见，来证明自己的论断为真。

例子：

"梁启超说'少年强则国强'，如今中国将进入老龄人社会，所以中国将开始衰落。"

解释：梁启超说"少年强则国强"，但是并未说"少年少则国衰"，梁启超的观点，并不必然证明论断为真。

"王部长说'私营企业家是改革开放的最大受益者'，所以私营企业家无权批评改革开放。"

解释："私营企业家是改革开放的最大收益者"只是王部长的个人意见，事实上改革开放的最大受益者究竟是谁，并无定论。以此作为推理的前提，其结论难以令人信服。

错谬（二）：人们倾向于为自己的论断诉诸一个权威的前提，但是诉诸不当，反而会让人质疑。常见的谬误是：诉诸讨论范畴之外的权威人士，或者匿名的权威人士，或者不可信的权威人士来证明自己的论断为真。

例子：

"经济学家都认为人不可能是由猴子进化来的，所以我也不相信。"

解释：经济学家在进化论上的权威性，与一个普通人有何不同？如果是生物学家有证据表明人不是由猴子进化来的，就会比经济学家真实可信。

"某心理学家说过'每个人都有犯罪倾向'，所以我们都是潜在的罪犯。"

某位心理学家到底是哪位心理学家？是张阿毛吗？可是张阿毛都不知道自己是心理学家。

"香车配美人！宝马的总裁都这样说啦，所以这辆车你值得拥有！"

解释：宝马总裁的话可信吗？万宝路香烟（marlboro）的总裁说过："Man Always Remember Love Because of Romance Over（男人只因浪漫而牢记爱情）"，难道这也能成为你抽烟的理由？

情感绑架的谬误

错谬：用带有人类普遍情感或符合人类道德准则的字词来修饰观点，"强迫"人们接受一个错误的、似是而非的论断。

例子：

"凡是爱国的人，都会对《物权法》投赞成票。"

"爱妈妈的人，都会转发这篇文章。"

解释："爱"是人类美好的情感，但是怎样才是"爱国""爱妈妈"？如果《物权法》的某些条款违背了宪法，难道也要投赞成票吗？不转发这篇文章，又怎么能证明我不爱妈妈呢？

"你那么有钱，为什么不多捐一点？"

解释：捐款做公益固然符合人类的道德准则，但是捐款是一种自愿行为，我有权不捐或者少捐。如果所捐款项的用途不明，比如滥用或者用于资助恐怖分子，难道我也要捐，还要多捐？

还有一种情感绑架比较隐秘，是利用人类对认同、赞美的心理需求来"诱导"人们接受一个错误的、似是而非的论断。其形式是赞美、奉承+请求或观点。

比如：

"你是我遇到的最好的老师……我考试就差2分，能不能给我及格？"

解释：能否给及格，与是否最好的老师，并无关系。

"像你这么年轻有为、前途无量的大学毕业生，是不会与我争这点奖金的。"

解释：是否与你争，是我的权利，并非因为你说我年轻有为、前途无量，我就有义务放弃对奖金的争取。

一厢情愿的谬误

错谬：以自己单方面的想法作为论证的根据。

例子：

"这支股票一定会涨，因为我买了。"

"你怎么忍心拒绝我，我这么喜欢你。"

解释：正所谓"屁股决定脑袋"，人们会把自己在某一立场上的愿望，作为论证自己观点的根据，这在逻辑上往往是荒谬的。

人身攻击的谬误

错谬（一）：以攻击对方身份代替反驳其观点（因人废言）。

例子：

总经理反对销售部经理的奖金建议："你当然说要增加销售部的奖金，因为你是销售部经理。"

学生家长反对学校的课程设计："你的孩子又不在这个学校上学，你自然不关心课程设计好不好。"

解释：是否要增加奖金、课程设计得好不好，应该从实际情况来加以分析，而不能因为对方的身份与你不同，就质疑对方的立场。

"咱们都是女人，你为什么要帮男人讲话？"

解释：如果女人都必然帮女人讲话，男人都帮男人讲话，那这个世界岂不是只有两类声音：男人的、女人的？

错谬（二）：由回应对方观点，变为攻击对方的处境。

例子：

父亲说："吸烟有害健康。"

儿子说："那你为什么也吸？"

记者："公众有权了解真相！"

官员："你是替党说话还是替人民说话？"

解释：不直接回应对方的观点，而是攻击对方的处境，企图令对方因为处境的特殊和尴尬，而放弃原有的主张，或者接受一个错误的主张，这是很常见的逻辑谬误。

错谬（三）：以讨论某人的作风、过去的言行等，来让人相信其论点为真，这是因人废言的一种变奏。

例子：

"以他一向对人的态度，他一定不会对你好。"

"这个人一贯弄虚作假，他的话一定是谎话。"

"我历来为政清廉，所以你不要怀疑我会腐败。"

解释：这种谬误有三段论（大前提、小前提、结论）的影子。人的行为是会随着情景的变化而变化的，所以人的作风、过去的言行等并不是可靠的大前提，从这样的大前提出发，形成的结论，也是不可靠的。

错谬（四）：骂人。用谩骂和侮辱性的词语来回击对方。以谁能谩骂为论战胜利的标志。

例子：

网友甲：长期服用中药会加重肾脏的负担。

网友乙：中医是中华文化的瑰宝，不容妖魔化。

网友甲：我又没有反对中医。

网友乙：丑化中医的人吃屎去吧！

……

解释：这样的人身攻击，已经毫无逻辑和理性可言。

归纳谬误

错谬：轻率的归纳，即用作归纳的样本太少或者不具有代表性，而对总体做出错谬的推断。

例子：

我班的24名同学只有6个人找到工作，所以今年大学应届毕业生的就业率为25%。

我问了十对夫妻，九对都不想生二胎。结论：中国九成夫妻不愿意生二胎。

解释：单凭一个班的同学来归纳和推断全国应届毕业生的就业率，单凭十对夫妻来推断和归纳全国夫妻的二胎意愿，未免样本太少，归纳太轻率了。若是访问了上万个样本，得出来的结果便较有说服力。

不当类比

错谬：以两件不相似的事件或事物做类比，得出荒谬的结论。

例子：

他管理下属这么严厉，管教孩子一定也很严厉。

解释：二者尽管相似，但实际上有重大差别。管理下属与管教孩子固然都有一个"管"字，但却是不一样的，能管好下属却管不好孩子的领导大有人在。

人的眼睛有5.76亿像素，却终究看不懂人心。

解释：人眼的功能的确是"看"，但是要看懂人心却没法靠眼睛。

天下老鸦一般黑，当官的没有不贪的。

解释：尽管这样的说法在生活中很常见，但却经不起推敲。老鸦的颜色与官员的贪腐有何关系呢？官员是否贪腐，主要取决于对权力的约束和监管机制是否到位，而并不取决于他对权力的拥有。在世界上很多法制健全、媒体独立的国家，官员是很少有机会贪腐的。即使在当代中国，无官不贪的结论也是以偏概全的。

排除证据的谬误

错谬（一）：操纵、过滤证据，或者故意把重要的证据隐藏，以得出自己想要的结论。

例子：

秦始皇统一六国、度量衡和文字，修筑长城，建立大一统的国家。结论：秦始皇是伟大的明君。

解释：

秦始皇焚烧了大量的先秦书籍，坑杀了成千上万的儒生，劳民伤财地为自己修筑陵寝，如此的暴虐行为，该如何看待？又岂能视而不见！

错谬（二）：强调自己想要的证据，弱化、隐藏自己不想要的证据。

例子：

去过美国拉斯维加斯赌场的人会看到：人们在赌桌上和老虎机上赢钱，赌场经理会响钟及鸣笛以公告胜利者，却永不会提及失败者。

解释：赌场经理用这种行为暗示：胜出的机会颇大，赢钱的人很多。但是事实却刚刚相反。

稻草人谬误

错谬：农夫为了保护自己辛苦耕耘的庄稼，会在田里扎一个穿着衣服、戴着帽子的稻草人来吓唬飞到田里偷吃的小鸟。人们为了形成自己的结论，也会歪曲、夸大或者以其他方式曲解对方的论点和立场，把对方的论证变成一个虚假的"稻草人"，然后加以反驳、批判和质疑。

例子：

1."曲解论点"的稻草人

妻子：你晚饭后为什么一直不理我？

丈夫：我今晚必须把业务数据整理一下，明天上班要用。

妻子：我知道在你心中，工作比我重要。

解释：做妻子的希望丈夫能花时间陪陪自己，是无可厚非的。丈夫对无暇一顾的解释，也是正当合理的。但是妻子得出的结论——我知道在你心中，工作比我重要——却让人瞠目结舌，这个结论就是她用来吓唬丈夫的"稻草人"。夫妻相处之道，贵在相互理解和支持。偶尔曲解对方的论点，用来撒娇、调情是很浪漫的，若经常为之，肯定会成为吵架、冷战的导火索。

进化论说人是从猩猩进化来的。

解释：曲解进化论的观点。进化论只是说人和猩猩有共同的祖先。

2."新增论点"的稻草人

女儿：爸爸，后天珊珊过生日，她家有party，邀请我参加了，我想去。

爸爸：办什么生日party，珊珊家就爱炫富。咱家没钱但是你要有志气，我不许你去。

解释："珊珊家爱炫富"是一个新增的论点，这是爸爸未曾与女儿讨论的论点，然后又通过这个未经验证的观点，暗示女儿没有志气，对女儿做了不相干的批评。

3．"扩大解释"的稻草人

儿子：爸、妈，我爱上了一个比我大28岁的女人，我想和她结婚。

爸爸：你说的是什么话？你对得起我和你妈把你养这么大吗？

妈妈：大28岁？这要让亲戚邻居听到多丢人啊！

儿子：我们是真心相爱的，这没什么丢人的。

妈妈：还不丢人？亲戚朋友的唾沫星子都能把你淹死！你不要脸我和你爸还要脸呢！

爸爸：你要是不听我和你妈的话，就是想气死我俩，是不孝。

解释：夫妻年龄差距大的婚姻虽不常见，但在法律和伦理上却并无不可。例子中的爸爸妈妈对儿子的结婚意愿做出了扩大化的解释，不要脸、不孝等都是强加于儿子的"稻草人"。如此逻辑，会让儿子觉得父母不可理喻，没法沟通。

例外谬误

错谬（一）：把普遍情况的结论，用于对应有的例外情况的推理。

例子：

绿化条例规定任何车辆不得进入公园。所以即使是救险的救火车、救命的救护车也不得进入。

解释：上述推理的谬误在于不考虑例外，而把绿化条例用于对所有目的、所有车辆的管制。一定要防止机械、简单地执行法律法规，在遇到一些特殊情况时，可从法律法规的目的出发，将其作为例外情况处理，以实现设定法律制度的目的。

错谬（二）：把例外情况下的结论，用于对普遍情况的推理。

例子：

法律允许给濒死的病人注射杜冷丁（一种毒品）。基于人人平等，也应该允许其他人注射杜冷丁。

解释：毒品可以缓解病人临死前的痛苦，这是允许使用毒品的例外情况。例外情况下成立的结论，不能用于对普遍情况的推理。

救火车能进公园，为什么我的私家车不能进？

解释：救火车的例外处理，并不是用于一切情况。可与错谬（一）对照理解。

因果谬误

错谬（一）：巧合谬误。是指从个别情况，肯定某种因果关系。

例子：

小徐在这里，你也在这里，你一定是在跟踪小徐。

小徐吃了一种药，出现过敏反应。结论：这种药必然导致过敏反应。

解释：小徐遇到的只是个别的情况，不能因此得出必然的论断，很有可能是巧合。

错谬（二）：复合谬误。当两件事或多件事都为某一原因的结果时，把其中一个结果当成其他结果的原因。

例子：

记者在报道背井离乡的一家子战争难民时，写道：他们因为房子被毁而逃离到这里。

解释：这种报道虽无大错，但却在逻辑上存在瑕疵。正确的报道应这样写：战争的炮火导致这家人的房子被毁以及离乡逃难。房子被毁并不必然导致这家人离开自己的故土家园。

由于口红的销量增加，所以短裙的销量下降。

解释：这一荒谬的结论源自对经济现象的研究。1920年，宾州大学经济学家乔治·泰勒发现：经济增长时，女人会穿短裙，因为她们要炫耀里面的长丝袜；当经济不景气时，女人买不起丝袜，只好把裙边放长，来掩饰没有穿长丝袜的窘迫。其他学者研究发现：在经济萧条时期，人们的收入和对未来的预期都会降低，首先削减的是那些大宗商品的消费，如房、车、旅游等，反而可能会比繁荣时期有更多的"闲钱"，可以去购买一些"廉价的非必要之物"，从而刺激这些廉价商品的消费上升。口红正是这种"廉价的非必要之物"，且能给消费者带来心理慰藉。这分别被称为"裙边理论"和"口红效应"。

如果有人从"裙边理论"和"口红效应"出发，认为"由于口红的销量增加，所以短裙的销量下降"，那就犯了复合谬误，事实上，口红畅销和短裙积压都是经济衰退的结果，二者之间并无因果关系。

错谬（三）：遗漏主因。举出无足轻重的次要原因，遗漏或者隐藏真正的主因。

例子：

吸烟使北京的空气质量每况愈下。

解释：导致北京空气质量下降的主因是汽车尾气、工厂排放和天气情况等。吸烟固然不值得提倡，但却无力为空气质量下降背黑锅。

错谬（四）：倒果为因。

例子：

癌症导致吸烟。

解释：反了。应该是：吸烟导致癌症。

因为读过EMBA，所以升职。

解释：很多人之所以有机会读EMBA，往往是因为得到了公司领导层的赏识和信任，在委以重任前资助其读EMBA去进修提高。所以真相很可能是：因为要委以重任，所以读EMBA。

因为用了欧泊莱化妆品，所以孙俪很漂亮。

解释：以上结论正是欧泊莱化妆品公司希望消费者产生的错觉。孙俪漂亮，主要是因为个人长相。化妆品公司寻找美貌的女明星做代言，就是要给消费者一种错觉：我用了也能和她一样美。真相是：因为孙俪漂亮，所以欧泊莱化妆品公司请她做代言。

错谬（五）：复合原因。只指出多个原因中的一个为事件主因。

例子：

你一天到晚只知道踢足球，难怪你考试成绩那么差。

解释：考试成绩差的原因有很多，包括考场发挥不好、试题太难、上课不认真听讲、厌学、逃课、不做作业等。当然其中也可能包括踢足球占用了复习的时间，但这未必是主因。

含混不清谬误

错谬（一）：由于句子的结构包含了多种解释方法，而导致结论的模棱两可。

例子：

下雨天留客天天留我不留。

解释：意思可以是：下雨天，留客天，天留我不留。结论：不留客。也可以是：下雨天，留客天，天留我不？留。结论：留客。

错谬（二）：由于字词的多意而导致结论的含混不清。

例子：

李昌钰是交大的客座教授。

解释：是西安交大、上海交大还是北京交大？交大是交通大学的简称，但是内地有三所交通大学。

错谬（三）：重音谬误，即如果重音强调的字眼不同，句子的意思也会不同，从而导致结论的含糊不清。

例子：

难道你这个老外可以在我们中国人地盘上说话吗？

解释：可以有多个意思，例如：（1）强调"你"，暗示别的老外可以；（2）强调"老外"，暗示外国人都不可以。

循环论证谬误

错谬：前提和结论的观点是一个意思，即论据的真实性依赖于论题的真实性。

例子：

因为鸦片有催眠的力量，所以鸦片能催眠。

解释：从"鸦片有催眠的力量"的前提推理出"鸦片能催眠"的结论，只不过是把同一个观点做无谓的重复，既没有证伪，也没有证实。

由于圣经是上帝的话语，故圣经必然正确无误，所以上帝是存在的。

解释：这也是一个典型的循环论证。

猜测动机谬误

错谬（一）：推测对方行为背后的动机，然后把自己的推测作为前提，推理出一个不真实的结论。

例子：

我上任以来，你三天两头请假，你是不是不服我这个领导啊？

解释：对方行为背后的动机是你看不见的，你可以推测，但不能把你的推测当成推理的前提。对方三天两头请假，要询问的是对方请假的原因，告知经常请假对工作的影响，而不是谈论对方请假行为背后的动机，这就叫对事不对人。

错谬（二）：对方做了好事，认为对方是作秀。

例子：

某名人在微博晒出自己捐款做慈善的照片。

网友评论：不作秀会死吗？

解释：捐款做慈善的行为，不管背后的动机是什么，都是值得赞许的。即使是为了作秀而做慈善，又有什么不对吗？

错谬（三）：如果批评名人，就认为对方是想借名人出名、蹭热度。

例子：

某人写文章批评某热播电视剧的明星穿帮镜头。

网友评论：你就那么想出名吗？有本事你演啊。

解释：作为电视剧的观众，既有权利表达赞许，也有权利表达批评。如果批评得不正确，你可以在事实的基础上进行反驳。推测对方是为了出名，是不对的。只要对方的观点正确，想借此博得名声又有何不可？

哥白尼提出的日心说，质疑和批评长期以来居于宗教统治地位的地心说，实现了天文学的根本变革。

1875年，法国化学家布瓦博德兰，发现了第一个待填补的元素，命名为镓。这个元素的一切性质都和门捷列夫预言的一样，只是比重不一致。门捷列夫为此写了一封信给巴黎科学院，指出镓的比重应该是5.9左右，而不是4.7。当时镓还在布瓦博德兰手里，门捷列夫还没有见到过。这件事使布瓦博德兰大为惊讶，于是他设法提纯，重新测量镓的比重，结果证实了门捷列夫的预言，比重确实是5.94。这一结果大大提高了人们对元素周期律的认识。

  我们无法推测哥白尼和门捷列夫的动机是什么，我们只知道他们是受后人敬仰的大科学家，推动了人类探索未知世界的步伐。

第六章

诡辩与反诡辩：和不讲理的人讲道理

本章介绍诡辩术与反诡辩术，让你在日常沟通中，能够发现对方的逻辑谬误，并反戈一击，让对方心服口服、哑口无言或者自讨没趣。

诡辩的概念：争论的智慧

中国人的善辩举世闻名，在古代甚至有"说客"的专职。

在外国，"诡辩"一词最早是由希腊语"智慧"一词演化过来的。至今英语中的"诡辩（sophism）"一词仍与"哲学（philosophy）"一词共用同一词根"sophy"，该词根的含义为"智慧"。可见，诡辩是一种争论的智慧。

《辞海》将诡辩定义为：不是客观地从事物的全面联系把握问题，而是由主观出发，任意挑选事物的一面作为借口，或以事件的表面相似为根据，做似是而非的论证来颠倒黑白、混淆是非。

所谓诡辩，就是有意颠倒是非，混淆黑白。武断，是根本没有理由；谣言，纯粹是无中生有。而诡辩者总是要拿出一大堆"根据"，在表面上很能迷惑一部分人。

古代一个城市的市民都不知道一个自称智者的人是个诡辩家，都巴望着聆听他关于智慧的演讲，花了许多钱，终于把那个自称智者的诡辩家请上了他们专门为他搭设的讲台。

第一天，诡辩家登台便问听众："你们知道我要讲什么吗？"大家都说不知道。诡辩家于是说："既然你们如此无知，那我讲了有什么用？"说着便走下讲台。

第二天，他登上讲台对听众们说："你们知道我要讲什么吗？"大家记得昨天的事情，于是都说知道。这个人于是又说："你们已经知道了，我重复一遍也没有意思。"说着又走下了讲台。

第三天，诡辩家再一次登上讲台大声问："你们知道我要讲什么吗？"听众有的说知道，有的说不知道。没想到诡辩家却说："知道的人去讲给不知道的人听吧！"说完就走下讲台，扬长而去。

市民们无可奈何，只好留下了那个讲台，作为这座城的耻辱柱。当然，也有少数市民知道这个诡辩者其实给这座城市的市民们上了三堂生动的课，主题全部关乎智慧，而且并不难解。当然，联系起来看，它就是一堂完整的关于诡辩的课。

诡辩是实践上错，逻辑上对。

芝诺是古希腊一个极善于诡辩的哲学家。他的一个众人皆知的"阿基里斯永远追不上乌龟"的诡辩是这样的：阿基里斯是古希腊神话中善跑的英雄。假设乌龟先爬一段路然后阿基里斯去追它，芝诺认为阿基里斯永远追不上乌龟。因为前者在追上后者之前必须首先达到后者的出发点，可是，这时后者又向前爬了一段路了。于是前者又必须赶上这段路，可是这时后者又向前爬了。由于阿基里斯和乌龟之间的距离可依次分成无数小段，因此阿基里斯虽然越追越近，但永远追不上乌龟。

当然，这个结论在实践上是错误的，但奇怪的是这一论证在逻辑上却没有任何毛病。

在古希腊，还有一则更妙的诡辩是这样的。

一粒谷子落地时没有响声，两粒谷子落地时也没有响声，三粒谷子落地时还是没有响声……依次类推，一整袋谷子落地时也不会有响声。

这同样是实践上错，逻辑上对。"实践上错，逻辑上对"这一结果说明，思想的情况和事实的情况是不同的，思想中的真理和事实上的真理是不同的，这两种真理分别有着不同的用处。例如，逻辑定理与事实就常常不一致。

有一条逻辑定理说的是"随便一句假话都能推出任何一句话"，这听上去十分荒唐。结果真的有人就要英国大哲学家罗素证明从"2+2=5"推出"罗素是教皇"。深邃无比的罗素做出了如下的证明：假定2+2=5；等式的两边各减去2，得出2=3；易位得3=2；两边各减去1，得出2=1；教皇与罗素是两个人，但既然2=1，教皇与罗素就是1个人，所以罗素是教皇。

这个结论，有人说是笑话，如果是这样，应当说是一个很深刻的笑话。

由此的确可以悟出，思想和事实是两回事，理解这一点至关重要。实际上这并不难理解，我们在上学时学到的点、线、面、平行线、三角形、圆形等在事实上是不存在的，它们只是思想上理想化的东西。思想与事实的联系只是表现为思想可以应用到事实中去。前面讲到的那两个诡辩只是给错误想法敲敲警钟，除此之外并没有什么用处，因为它们的确很荒谬。

"鸡三足"是中国春秋战国时期思想家公孙龙子的一个著名诡辩——说鸡有足是一足，说鸡有左足是一足，说鸡有右足是一足，加起来共三足。现实中，也常常有人运用传统文化中的诡辩手法达到自己的目的。如有人宣称：人既不可能研究他所知道的东西——因为无须加以研究，也不可能研究他所不知道的东西——因为他根本不知道去研究什么。所以，所谓"学到老"是没有意义的。也有人说，诡辩的出发点是主观唯心主义；还有人说，诡辩的出发点是形而上学唯物主义，从辩证法上来分析，诡辩的本质是利用语言上的逻辑关系模糊事实真相的一种手段。

"诡辩"和"巧辩"这两个词，在古代是没有多大区别的，"诡"中有"巧"，"巧"中有"诡"。后来这两个词意日益分开，出现了明显的区别。有人认为，诡辩是错误的议论，巧辩是正确的议论。不过，诡辩固然都是假的，但巧辩也未必都是真的，两者的共同点是都符合逻辑。如果在辩论上，辩论者利用"诡辩"巧妙地制伏了对方，大概只能叫巧辩；外交场合，一方用"似是而非"的议论反击了对方的无理要求，往往称之为雄辩。

诡辩的特征一：似是而非

诡辩有很多形式，这些形式都有一定的特点。比如似是而非、白马非马、割裂联系等。了解诡辩的特征对正确理解诡辩非常有帮助。

本节先来介绍诡辩的第一个特征：似是而非。

古时候有一个无赖，借了人家的钱硬是不还。没办法，借钱给他的人只好告官。

这一日，县官开庭审理此案。县老爷开门见山问无赖："你借人家的钱为什么不还？"

无赖答道："老爷，你有所不知，现在的我已不是当初借钱的我，还钱的应该是借钱的我，而不应该是现在的我。"

县官是个糊涂虫，听无赖这么一说，觉得似乎有理，于是宣布无赖无罪，了结此案。

借钱给无赖的人越想越憋气，一气之下把无赖打得鼻青眼肿、头破血流。

时过几日，无赖的伤有点好了，便也到县老爷那告状。县官传来了那位借钱人，问："你在光天化日之下为什么动手打人？"

借钱人答道："老爷，你有所不知，现在的我已不是打人的我，治罪的应该是过去打人的我，而不应该是现在的我。"

糊涂县官一想，"对呀！"于是宣布无罪释放。

这个故事，对似是而非的诡辩做了淋漓尽致的揭露。

古希腊思想家赫拉克利特有句名言："人不能两次踏进同一条河流。"赫拉克利特有个学生叫克拉底鲁，是古希腊最早的诡辩派代表人物。克拉底鲁将老师的上述观点推向诡辩，说不仅不能两次踏进同一条河流，而且"连一次也不能"。如果我们问他："这是长江吗？"他一定回答："不，我无法说它是什么，因为当我说的时候它就变了。"

克拉底鲁的论点道出了诡辩的另一主要特征：似是而非，不确定。诡辩不确定的观点实际上是一种相对性观点，它突破了以往的绝对性观点，具有一定的进步意义。但是，它的相对性排斥任何绝对性，泛滥成了相对主义。

相对主义的诡辩与"一分为二"的两点论辩证法有相似之处，现实中诡辩者往往以辩证唯物主义者自居。谈一个问题的两个方面固然是正确的，但这两个方面不应该齐头并进，至少应该有自己的分析和判断。否则讲了等于没讲，就不是"一分为二"的辩证法，而是似是而非的相对主义了。

诡辩的特征二：割裂联系

割裂联系是诡辩的一个主要特征。

现实中，西方国家的某些政客攻击我国的计划生育政策侵犯人权，用的正是割裂联系的诡辩手法。他们说：生育是人的天然权利，计划生育违背人权。乍听起来，这一说法似乎冠冕堂皇。其实，从本质上说，人是社会的人，任何脱离了社会谈人权的说法，都是割裂联系的诡辩。生育是人的权利，但这种权利的实施不能妨碍与之相比更为重要的人的生存权、发展权的实施。像我们这样一个资源紧缺的国家，如果生育不加节制，更多的人就会挣扎在贫困中，生存权和发展权受到威胁。把生育权视为纯自然问题，无异于把人等同于一般生物。只有把生育权与社会发展联系起来，才会根据社会现实科学地制定生育政策。

诡辩名家公孙龙写了一篇《坚白论》，认为坚白石（又硬又白的石头）是一个事物，"坚"与"白"是它的两种属性。用手摸时，只知其坚硬而不见其白色；用眼看时，只见其白色而不知其坚硬。坚硬与白色两种属性是互相分离的。他用孤立和静止的片面观点解释世界，否认事物之间存在联系和矛盾。而辩证法认为：联系是事物本身固有的、客观存在的，不以人们的意志为转移。联系又是事物中普遍存在的，世界上任何一个事物内部的诸要素是相互联系的，任何一个事物与其他事物都处于相互联系之中，世界上没有绝对孤立的事物。但这些联系有着多样性，有的是直接联系，有的是间接联系；有的是内部联系，有的是外部联系；有的是本质联系，有的是非本质联系；有的是横向联系，有的是纵向联系。

从辩证的角度分析，坚白石中的"坚"与"白"都是"石"的属性，三者连接成一个整体，不应割裂它们之间的联系，把它们看作三个孤立的事物。战国后期的思想家荀况对这一割裂事物联系的观点做了批判："坚白同异之分隔，是聪耳之所不能听也，明目之所不能见也，辩士之所不能言也。虽有对人之知，未能搂知，不知无害为君子，知之无损为小人。工匠不知无害为巧，君子不知无害为治。王公好之，则乱法；百姓好之，则乱事。"荀况认为，割裂坚与白、同与异的辩论有害无异。

诡辩的特征三：用表面现象掩盖事物本质

诡辩有一个著名的论断——白马非马。这一论断最早是由春秋时期一名叫儿说的宋国人提出的，后来被公孙龙发展成了一篇《白马论》。

他们说："马"这个概念，是从形体方面来规定的；"白"这个概念，是从颜色方面来规定的。对颜色方面的规定和对形体方面的规定，二者不是一回事。所以把二者相加的概念，即"白马"，当然与只表示形体方面概念的"马"，不是同一类的概念。

这一诡辩在韩非子著的《外储说左上》里就已遭到非议。韩非子讲述了一个儿说出关的故事：儿说骑白马出关。守关人嘲弄他说，批文上写的是一人一马，你骑的是白马，白马非马，你这匹白马怎么能出关呢？弄得儿说狼狈不堪。

像这样用表面现象掩盖事物本质是诡辩的又一个主要特征。马克思主义认为，辩证地看待事物，要透过现象抓住本质，要有科学的分析和研究，并且经过一个不断深化的复杂过程。在"白马非马"的论断里，诡辩者实际只抓住了"白马"和"马"表面上的不同点：一个是颜色加形体的概念，另一个是形体的概念。他们没有揭示"白马"和"马"的实质——一个是属概念，一个是种概念；属概念表达的是区别于其他属的特点，种概念表达的是种的特点；从表面上看来两个概念有所不同，但这并不妨碍它们具有共同的性质。

但要注意的是，任何诡辩都是为了掩盖真理而产生的。

偷换辩题法诡辩

偷换是诡辩常用的方法，常见的有偷换概念和偷换辩题。对付这种诡辩需要掌握一定的技巧。

偷换辩题是指在辩论的过程中，辩论者故意偷换辩题的含义，将所要辩论的辩题悄悄地偷换成另一个辩题，将原来的论题偷换成了另外一个辩题，其目的为，或者是为了使辩题于己方有利，或者为了掩饰自己的理屈，或是为了回避尖锐的矛盾，或是为了浑水摸鱼。这种偷换辩题式诡辩，也是一种故意违反同一律要求的诡辩手法。具体偷换的办法往往是利用一词多义，把词语形式相同，但表达的不是同一概念的概念混为同一概念。

从前，有一个财主，非常吝啬刻薄。他雇了三个放牛娃，到了冬天也不给衣服穿。放牛娃便向财主要衣服,财主说:"人们都说'小孩子屁股三盆火',哪能冻着呢?"

有一天,财主家来了客人,叫放牛娃去烧水沏茶。过了半天,也不见送茶来。财主便到后院去找,到后院一看,只见水壶吊在支架上,三个光身子放牛娃的屁股对着水壶,正一动不动地趴在地上。

财主一见大怒,骂道:"你们这是干什么,为什么不给我烧水沏茶!"三个放牛娃不慌不忙地说:"老爷,您不是说'小孩屁股三盆火'吗?三个人九盆火,水一会儿就会烧开,不要着急。"

财主一听,顿时张口结舌,无言以对。

在这个故事里,财主利用"小孩屁股三盆火"做了诡辩,而三个放牛娃也利用"小孩屁股三盆火"的诡辩形式对抗诡辩。

明朝一位姓靳的内阁大学士,其父亲毫无名气,其子很不成才,但其孙子却考中了进士。大学士就经常责骂他的儿子是不孝之子,不成器。后来,儿子实在忍受不了责骂,就和内阁大学士顶起嘴来:

"你的父亲不如我的父亲,你的儿子不如我的儿子,我有什么不成器的呢?"

这个儿子使用的同样是诡辩术。

本来,儿子所要辩论的是自己是否成器的问题,却故意将这一辩题偷换成"你的儿子"和"我的儿子"相比怎么样,"你的父亲"和"我的父亲"相比怎么样,就将原来的辩题回避了。这是典型的偷换论题式诡辩。

某所大学举办了题为"人生目的"的辩论会。许多同学纷纷发言,人生目的也是五花八门:人生目的是为了他人、人类的幸福,只有人人都为了他人的幸福,自己才能幸福,等等。

但是有一个同学不同意上面的观点,他反驳道:面对严酷的现实,我不得不承认:人生是为了自己的生存而挣扎、而斗争……不是吗？工人工作是为了领取工资而生活；农民种田是为了自己要穿衣、要吃饭；作家写书给人看是为了领取稿费；理发师看来纯粹是为别人，但也是拿了报酬的。诚然有像雷锋这样一心为人民着想的人，有像一些科学家那样为人类幸福而忘我工作的人，但这样的人也必须有自己能够生存的基础，也就是说他们首先得为自己的生存而劳动，否则，连他自己都不能生存，又怎样为别人呢？

这里，这个同学使用的反驳就是偷换论题式诡辩。因为人不仅仅具有自然属性，更具有社会属性。人一来到人间，就置身于一定的社会关系之中。在这些社会关系的影响、制约下，人学会参与社会生活，履行社会义务，这个过程也就是人的社会化过程，正如马克思所说的，人的本质是"一切社会关系的总和"。即使人的自然属性，也已不再是纯动物式的自然属性，而是被社会化了的自然属性。因而"人生目的"是指作为具有社会属性的人生目的，是一个社会问题。但是，反驳者却把人的本质归结为人的自然属性，把人生目的的辩题偷换为人的生理、本能的问题，并得出"人生就是为了生存而挣扎、而斗争"的结论，自然是诡辩了。

在辩论中，如果双方或多方没有一个统一的论题，辩论就无法正常进行。所以，对于那些通过偷换论题以求阴谋得逞的诡辩者，我们要制伏他，就必须揭穿对方遮掩隐匿的企图，达到辩论取胜的目的。

偷换概念法诡辩

偷换概念是一种故意违反同一律要求的诡辩手法。在某一个具体的思维过程中，我们的思想必须具有确定性，不能随随便便改变它的含义，这就是语言逻辑中同一律的要求。同样的道理，在某一场辩论过程中，我们的思想也必须具有确定性，也不能随随便便加以改变。但是，诡辩者为了达到其扰乱视听的诡辩目的，为了使自己的谬误成立，就往往采用随意偷换某个概念含义的办法。我们将这种随便改变某个概念含义的诡辩称为偷换概念式诡辩。因为概念都是要用语言来解释的，所以，偷换概念者总是在一些字词上做文章。

一辆公共汽车上，有一个青年乘客在抢着下车时把一块车窗玻璃撞碎了。

售票员和颜悦色地对这位青年说："同志，玻璃是你打碎的，按规定要赔偿。"

青年反问道："为什么要我赔？"

售票员耐心地解释说："损坏了人民的财产就应该赔。"

青年说："我是人民中的一员，人民财产有我一份，用不着赔，我那份不要了！"

这个青年是在诡辩。他玩的是一种偷换概念的诡辩。"人民财产"从逻辑上讲是个集合概念，是不可分割的，而那个青年却故意把它当成非集合概念的方法进行诡辩。

两个中学生找到老师，问："老师，请问，什么叫诡辩呢？"

这位精通哲学的老师并没有直接回答这个问题。他稍稍考虑了一下，然后说："有两个人到我这里来做客，一个很干净，另一个很脏。我让这两个人去洗澡。你们想想，他们两个人中谁会去洗呢？"

"那还用说，当然是那个脏人。"学生脱口而出。

"不对，是干净人。"老师反驳道，"因为他养成了洗澡的习惯，脏人认为没什么好洗的。再想想看，是谁洗澡了呢？"

"干净人。"两个学生改口说。

"不对，是脏人，因为他需要洗澡；而干净人身上干干净净的,用不着洗澡。"老师又反驳说。然后,他再次问道:"现在看来,我的客人中谁洗澡了呢?"

"脏人!"学生重复了第一次的回答。

"又错了,当然是两个人都洗了。"老师说,"干净人有洗澡习惯,而脏人需要洗澡。怎么样?他们两人到底谁洗澡了呢?"

"那看来是两个人都洗了。"学生犹豫不决地回答。

"不对,两个人都没洗。"老师解释说,"因为脏人没有洗澡习惯,干净人不需要洗澡。"

"有道理,但是我们究竟该怎么理解呢?"两个学生不满地说,"你讲的每次都不一样,而总是对的!"

这就是诡辩。之所以会出现"老师讲的每次都不一样,而总是对的"结果,是因为老师在解释中同时涉及两个标准,一个是生理要求,一个是心理要求。老师的每一次回答都选择与学生所选择的标准不同,自然会得出与学生相反的结论。也就是说,老师所说的概念每一次都是不相同的。因此,学生回答总是不正确的。可见,诡辩就是这样造成的。所以,如果学生能更深一层去思考老师的回答标准,指出他的错处,就使老师的诡辩无机可乘了。

偷换概念式诡辩是一种诡辩伎俩,在辩论中我们千万不可掉以轻心。如果我们对这种伎俩缺乏理性的剖析能力,有时反而会形成窘境的转换,有"理"的一方暗自憋气,无"理"的一方却趾高气扬。

俗话说:"打蛇要打七寸。"同样的道理,对诡辩的反驳关键要抓住实质,击中要害。因为实质性的问题其实就是要害问题,实质决定了问题的基本倾向,抓住它就可以置诡辩于死地。

歪曲法诡辩

歪曲词语意思，以达到自己的目的，这是经常用到的诡辩方法。了解一些歪曲诡辩的案例对歪曲诡辩的运用非常有帮助。

楚王攻打吴国，吴使沮卫率人前去慰劳楚军。

楚将喝道："捆起来，杀掉，用吴使的血涂抹战鼓。"

接着又问已被五花大绑的沮卫："你来时占卜了吗？"

沮卫答："占卜了。"

"占卜吉利吗？"

"吉利。"

"现在我要杀你，吉在哪里？"

沮卫答："这正是吉利之所在。吴国派我来，本来就是试探将军的态度，如果将军发火了，那么吴国就将深挖护城河、高筑城垒；如果将军态度和缓，那么吴国的防守就会松懈。现在将军要杀我，吴国获悉后一定会加强警戒，死我一人而保全了国家，这不是吉利又是什么？"

楚将所说的"占卜""吉利"是对吴使一个人而言的，这一点吴使也是清楚的，但他故意曲解成"为国家占卜""对国家吉利"。

沮卫的这段话，如果站在吴国的立场上看，实在巧妙，可谓之巧辩；但若站在楚将的角度看，就是地地道道的曲解法诡辩。由此可见，巧辩和诡辩的分别不是逻辑问题，而是情感问题、价值问题。

吴使因巧辩而得免一死，因为楚将上了曲解法诡辩的当。

古希腊诡辩家欧布利德吃了官司，蹲了监狱。一天，大公命令欧布利德到晒谷场上，赶在下雨之前把谷堆收回仓库。欧布利德磨磨蹭蹭，结果谷子被雨淋湿了。大公责问欧布利德，他却说："一粒谷子不是谷堆吧？再加一粒也成不了谷堆，这样每一次加一粒，都不能形成谷堆，因此，谷堆从来就不存在，你让我运谷堆，我怎么能干呢？"大公不知道怎么回答这个诡辩才好。

但是，在欧布利德向大公领取在牢里服役工钱的时候（当时当地有这么一条规矩），大公照着欧布利德的诡辩依样画葫芦说："一个钱币该不是你的工钱吧？再加一个还不是你的工钱，这样每加一个钱币，都不是你的工钱，因此你的工钱根本不存在，你让我怎么支付你的工钱呢？"

大公以行动反驳，甚好！

古时候，有个人喝了酒，醉了，路过一个人家的大门口，便对着人家大门呕吐起来。

这户人家的守门人于是大声呵斥说："你为什么对着人家大门呕吐？"

醉汉似乎听见了，斜了斜眼睛，说："是……是……是你主人家的门，是你主人家的门不该对着我的嘴。"

守门人忍住笑说道："我主人家的大门早就是向着这个方向，又不是今天刚造好对着你的嘴的。"

醉汉似乎并不醉，他指了指自己的嘴巴诡辩说："我的这张嘴巴，我的这张嘴巴也有一把年纪了……"

守门人终于忍不住，哈哈大笑起来，没再和醉汉计较。

强加理由式诡辩出自醉汉之口尚且好办，等他酒醒就是了；如果出自其他的人士之口，那我们只有一拳把他打醒，打不过，那就另想办法。

一位老先生家里来了一位客人，老先生为了炫耀一下自己的孙子如何聪明，硬要小孙子当着客人的面背诵26个英文字母。

小孙子刚背了一个A就卡壳了。客人启发说："A后面的是什么？"

这孩子已记不起是B，但为掩盖不知，便说："所有其他字母。"

在这里，客人的问题——"A后面的是什么"——本来含义是明确的，即指紧接着A的那个字母是什么？这一点老先生的孙子也是清清楚楚的，但他故意装聋卖傻，予以曲解。这就是典型的曲解法诡辩。

郑国有个姓卜的人，平时夫妻不和。

一次，他的裤子穿破了，就叫妻子给重新做一条。妻子买了几尺布，问他："做什么样的？"他说："照我原来那条裤子的样子做。"

其妻按原来的样式做好后，又对照那条破裤子，凡有破的地方都照样剪出窟窿，使其同那条破裤子几乎一模一样，然后送给丈夫。

他一看，火冒三丈："怎么搞成这个破样子！？"

妻子顺手拿出那条破裤子说："你不是说照原样做嘛！"

上面这些故事都运用了歪曲诡辩法。针对这种歪曲诡辩法，要能够一针见血地指出问题的实质，从而揭开歪曲者的阴谋。

利用歧义的诡辩

一位不大会说中国话的美国人，有一次应邀到中国某学校参加校庆。该校校长很客气地请他上台讲话。这位美国朋友特别高兴，谁知他上台第一句话就说："今天校长好意思请我讲话……"校长及参加校庆的师生被这句话弄得莫名其妙，场面尴尬万分。

原来，这位美国朋友认为，"好意思"就是"好意"的意思。他不晓得这两个词的意义有天壤之别。

有人说："钱是脏的，即使刚印出来的钞票也是脏的。"这里的"脏"实质是"恶"的意思，是从钱的某种作用的角度定义的。如果有人说"刚印出来的钱是新的，用一段就脏了"，这个人所说的"脏"就是指不干净的意思，是从表面卫生的角度定义的。

自然语言的语词往往是多义的。一个语词可能有二义、三义、四义，甚至更多。

一个语词从总体上看，往往是多义的，但具体使用时，在特定的语境中，必须而且只能有一个明确的意义，否则就会造成歧义。

如果利用语词的多义性，故意造成歧义，以达到某种目的，就是歧义法诡辩。

"象是动物，所以小象是小动物。"

这就是诡辩。"象是动物"为真，但"小象是小动物"却假。小象虽小，却非"小动物"。这个诡辩就是利用"小"的歧义做文章的。"小"至少有年幼和体积小两种解释。"小象"是指年幼的象，而"小动物"则是指体积小的动物，年幼的象也比一只大蚂蚁大得多。

一位回国任教的客座教授，上课时对学生说："我现在问大家一个问题，答对者有奖，奖品是钢笔一打。"

学生们听到奖品竟这么优厚，以为教授长期在国外工作，一定很有钱，于是都屏声静气地等他出问题。老教授提出问题后，一位学生立即起来作答。因题目不难，所以这位学生很快答对了。教授说："好吧，你到前面来领奖。"

这位学生欣喜万分，其他同学也都以羡慕与妒忌的眼光看他。岂知当学生走到这位客座教授面前时，教授即从上衣口袋里拔出钢笔，往学生头上轻轻一打，说："赏你钢笔一打。"

如果这位教授是和学生开玩笑，也不算太过分，但假如学生一定要这位老先生兑现诺言，而他抵赖说："我已兑现了，奖品就是'钢笔一打'。"那就是十足的诡辩。

把事务简单分类的诡辩

有的人喜欢把母项分为两个子项，两个子项是相互对立的概念，二者相加之和等于母项的外延。

但是，如果不恰当地运用这种分法，就很容易变成诡辩术。

古希腊时代的一位母亲对其儿子说："你如果说真话就认为世间的人坏，如果讲假话，就认为神坏。你如果在人面前讲话，或者讲真话，或者讲假话；所以，你如果在人面前讲话，或者认为人坏或者认为神坏。"

很明显，母亲的意思是想告诉儿子：最好不要在人面前讲话，世间的人可怕，神也可怕，得罪了谁都不好办。

可是，聪明的儿子并没有听妈妈的话，他说："妈妈，没那回事。我若是讲些空洞无物、毫无内容的话，无疑既不能说真也不能说假，所以，无论是世间的人还是天上的神，我都不会认为坏。"

儿子的反驳抓住了要害。这位母亲的错误就在于滥用了二分法。

有的人在看电影、电视时，对其中出现的人物，总是问："好人还是坏蛋？"

这样划分虽然简单，但把处于善恶中间的人，不管三七二十一，统统推向了两极。生活本是七色阳光，如果仅用黑白两色去观察，很难得到正确的结论。

此类的二分法，随处可见，似乎是理所当然的，其实，完全忽视了对象的复杂性，忽略了中间状态。这通常是不可取的。

虚拟前提的诡辩

虚拟前提是比较常见的诡辩术，了解这个方法对揭示对手的阴谋有非常重要的作用。

一个顾客走进一家商店，问有没有面包。

老板说有，两角钱一个。顾客说拿两个。老板说两个4角钱。这时，顾客问啤酒多少钱一瓶，老板说4角钱一瓶。顾客于是问道："我想用这两个面包换一瓶啤酒，可以吗？"老板于是递上啤酒。顾客接过一瓶啤酒一饮而尽，然后拔腿就走。

老板忙说："先生，你还没付啤酒钱呢！"

顾客说："我是用面包换啤酒啊。"

老板说："你的面包钱没有付！"

顾客说："我没吃你的面包，为什么要付面包钱呢？"

店主懵了，无言以对，只好看着顾客扬长而去。

用没付钱的面包换没付钱的啤酒，还是等于没有付啤酒钱。这种算式如果成立，那么天下的流浪者们有福了。

古印度，有专门为国王服务的哲学家。其中有一个哲学家，一再向国王宣讲"人们所看见的一切都是幻觉"的观点。对此，国王半信半疑。

有一次，大象惊了，那位哲学家吓得面如土色，惊慌失措地逃跑了。看到这一情景的国王暗自好笑，事后讥讽他说："你那天怎么吓跑了呢？你是被幻觉吓坏了吗？"哲学家不慌不忙地说："国王，你看见我逃跑了是吧，可是，你看见的也是一种幻觉。"

这位哲学家的推理是这样的：

——人们所看到的一切都是幻觉；

——国王看到我被大象吓跑了；

——国王看到的也是幻觉。

这个推理在形式上是没有什么毛病的，但结论是荒唐的。问题出在什么地方呢？就在大前提上，"人们所看到的一切都是幻觉"这个大前提是虚假的。由于前提假，尽管推论符合逻辑规则，仍不免得出错误结论。国王大概不晓得这一点，因而未能击中要害，反倒被职业诡辩家钻了空子。

一个人问算命先生："你算命灵验吗？你算算看我可以活到多少岁？"算命先生说："我算命是非常灵验的，你假如不死的话，可以活到99岁；假如我算得不灵验，你在99岁之前死了，到时你可以来打我的嘴巴！"问话的人于是信了他，毕恭毕敬地向算命先生问起了前程。

这是算命先生们的秘密，当诡辩者使用虚假的条件命题来进行诡辩时，只要指出其条件满足而结果却不出现，就可将其驳倒。

有个农民拎着手机在干活，一个青年小商贩从他面前经过，向他借手机，想和一个大商人说几句话。农民说按照当地的习惯，他的手机不能外借。小商贩奇怪，连忙追问原因。农民说："如果我把它借给你，你一定会感谢我，然后我们互相介绍，互相认识；相识之后，我就会请你到我家吃饭，你会看见我漂亮的女儿；你看见我漂亮的女儿，就会一见钟情；如果你一见钟情，你就一定会向她求婚；我呢，我必然要拒绝你的请求，因为我不愿意把女儿嫁给一个没有手机的人，所以……"话没有说完，小商贩不见了。

要揭穿这种诡辩，必须指出其中条件命题的虚假。当然，不与之辩也是一个办法。

古代有个叫叶衡的人，病得很重，知道自己不久于人世，对美好的人世留恋不已，却找不到解脱之道。

这一天，叶衡向前来慰问自己的朋友打听说："唉，我很快就要死了，不知道一个人死后状况好不好？"

有个善于诡辩的人答道："非常好。"

叶衡感到奇怪，问："你怎么知道呢？"

那个善于诡辩的人解释说："假如人死后状况不好，那么那些死者就会返回来。现在不见一个死者返回来,由此可见人死以后的状况肯定是很好的。"

叶衡上了当,但还是含笑而死。

用来确证某个思想为真的理由却是虚构的,这可以在某些时候给人以安慰,但不可以用来害人。

虚假前提的诡辩,未必只是大前提虚假,也可能是大前提真而小前提虚假,或者大小前提都虚假。

在《摩雅泰》影片中,恶毒的二头人为了杀害摩雅泰,进行了下面的诡辩:

——瘟疫病是琵琶鬼闹的;

——摩雅泰是琵琶鬼;

——所以应该烧死摩雅泰。

二头人为了达到其罪恶目的,从两个虚假前提中推出了极其荒谬的结论。

宗教神学为了证明宇宙在时间上是有开端的,做了如下的论证:

——宇宙是上帝创造的;

——上帝创造的东西在时间上是有开端的;

——所以宇宙在时间上是有开端的。

这两个"推理"就是依据两个虚假前提,因而结论必定是错误的。

反驳这种诡辩,必须利用有关知识,揭露其虚假前提。

虚拟论据的诡辩

论据真实是证明有说服力的重要条件,因为论题的真实性要靠论据来证明,如果论据不真实,那就不能起到证明论题真实的作用。论据不真实的证明就好比建立在沙滩上的建筑物，迟早是要倒塌的。

诡辩论者常常用虚假论据进行欺骗。

1933年，希特勒制造的"国会纵火案"，更是臭名昭著。

1933年2月27日晚上，柏林的德国国会大厦突然起火。奇怪的是，在同一时间内，竟有23处火舌在国会大厦四处腾起。这显然是有意纵火所致。

纵火事件一发生，希特勒当局马上通过广播宣告，在国会大厦抓到一个纵火犯——"荷兰共产党员"范德·卢贝。接着，内务部长戈林就发表公告，硬说纵火案是共产党干的，是共产党发动武装起义的信号。希特勒政府以此为借口，悍然取缔共产党和民主报刊，大肆逮捕共产党员和进步人士，其中包括在柏林的国际工人运动杰出的活动家季米特洛夫。德国弥漫在法西斯的恐怖气氛中。

希特勒及其党徒一手制造的"国会纵火案"漏洞百出。其唯一"罪证"就是现场被捕的卢贝，并硬说卢贝是个"共产党员"。但是，很快有人揭发，卢贝并非共产党员，虽曾一度参加过荷兰共青团，但早被清除出团，是个出卖灵魂的家伙。接着，又查明有一条秘密地道可以从外面潜入国会大厦，而地道的另一头恰恰是在戈林家里。希特勒政府为了灭口，就把自己手下的卢贝判处了死刑。

"国会纵火案"发生后，德国法西斯当局煞有介事地在莱比锡组织了历时3个月的公开审讯。当时被诬告与卢贝同谋纵火的季米特洛夫，在闻名世界的莱比锡审讯中，英勇地以无可辩驳的事实驳倒了形形色色的伪证，揭穿了"国会纵火案"是法西斯党徒的一个预谋，给了亲自出庭做证的戈林和戈培尔以迎头痛击。最后季米特洛夫等被无罪开释。

希特勒法西斯政府本想以"国会纵火案"嫁祸于人，打击共产党和进步运动，结果却搬起石头砸了自己的脚。从此以后，"国会纵火案"一直成为全世界的笑柄和弄虚作假、栽赃陷害的典型。

1931年9月18日，日本军国主义者有意制造了所谓"柳条沟事件"，作为向我国东北突然发动大规模武装进攻的借口。这一天夜里10点钟左右，盘踞在我国东北的日本关东军守备队用炸药炸毁南满铁路长沈线上的柳条沟（沈阳北郊）一段铁路。不久，日本关东军就下令向我沈阳北大营和沈阳市区进攻，理由是中国军队"炸毁南满铁路"和"袭击"日本守备队。这是地地道道的"贼喊捉贼"。

虚拟论据的诡辩，古今中外不乏其例。它的具体形式是多种多样的。有的利用强权逼供，有的利用匿名信无中生有，有的当众造谣撒谎等。尽管形式是多样的，但至少有一点是相同的：被虚拟出来的论据往往很具体，有鼻子有眼儿，不了解真实情况的人极易受骗。正因为这个缘故，这种诡辩是很有欺骗性的。

如果在论证中，引用自身尚待证明的判断，作为论据来证明论题的真实性，称之为预期理由的诡辩。

论题的真实性是建立在论据的可靠性基础之上的。如果论据尚不可靠，用以证明的论题的真实性也就可想而知了。

这种诡辩，实质是以主观意向为根据，凭想当然推论的。这种诡辩常常出现在那些自恃聪明的人的言谈中。

混淆预想和现实的诡辩

一对穷夫妻在穷聊。

丈夫问："要是咱们有了钱，你准备怎么花呢？"

妻子说："买最漂亮的衣服，吃最好的东西。"

丈夫说："你挥霍浪费！应该存起来。"

妻子惊奇地说："让白蚁吃个精光？最好咱们快快活活地把它花了。"

丈夫火了，把妻子揍得痛哭流涕。看见岳父大人来了，他又抢先解释说："爸，她是个挥霍的女人！她要过花天酒地的生活，要把我的钱全部花光，所以我打了她。"

岳父大人问："她是个挥霍的女人？你有钱供她挥霍吗？"

做女婿的于是回答："我是说如果我们有钱，她就是一个挥霍的女人。"

岳父大人说："废话，钱还没有，你已开始打人，怎么说因为挥霍？"

做女婿的喃喃地解释说："是的，是的，没有钱，她就已经那样讲阔气了，如果有了钱，那她该是怎样讲究阔气的人啊！"

不过话说至此，他就已经溜出了家门，躲开了老岳父的铁拳。

在论辩中，我们必须正确把握真实与预想的关系，如果混淆了它们之间的关系，就会处理不好人际关系和家庭关系。

虚拟原因的诡辩

在前美国国务卿艾奇逊主持编写和公布的《美中关系白皮书》（1949）中，把中国人民革命的胜利归因于中国人口太多，这就是虚拟原因的一个典型例子。对此，毛泽东给予了有力的反驳："革命的发生是由于人口太多的缘故吗？古今中外有过很多的革命，都是由于人口太多吗？中国几千年以来的很多次革命，也是由于人口太多吗？美国174年以前的反英革命，也是由于人口太多吗？艾奇逊的历史知识等于零，他连美国独立宣言也没有读过。华盛顿之所以领导反英革命，是因为英国人压迫和剥削美国人,而不是什么美国人口过剩。中国人民历次推翻自己的封建朝廷,是因为这些封建朝廷压迫和剥削人民,而不是什么人口过剩。俄国人所以举行二月革命和十月革命,是因为俄皇和俄国资产阶级的压迫和剥削,而不是什么人口过剩,俄国至今还是土地过多,人口很少的。"

因果联系是一种必然联系,一定的原因必然产生一定的结果;一定的结果也必定是由一定的原因所引起的。所以,原因对结果来说,完全可以构成论证的依据。

但是,并非任何联系都存在因果联系。如果把本来没有因果联系的两个事项,硬拉到因果联系中加以论辩,就是虚拟原因的诡辩。

日食、月食时,野蛮人便敲锣打鼓,随后太阳、月亮又出现了;于是每次日食、月食时,他们都敲锣打鼓。所以他们论证说:"每次日食、月食时,敲锣打鼓后,月亮、太阳都出现了,所以说,敲锣打鼓是驱赶天狗、保护日月的有效手段。"

这就是虚拟原因。

倒因为果也可以归于这一类。

古人说"物腐而后虫生",多少年来人们信而无疑。直到17世纪时,布朗怀疑烂泥能生老鼠时,罗斯还大发雷霆地说:"谁要是怀疑这件事,我就请谁到埃及去,他就会看见无数聚集田间的老鼠,陆续地从污泥中孵出来危害居民。"

这种说法,一直维持到1688年,才被意大利的生物学家雷迪用科学方法加以否定。他把一块肉露出一部分,另一部分封闭起来。过一段时间肉腐烂了,蝇类下卵于露出的部分,结果露出部分的肉产生蝇蛆,而封闭的部分虽然也腐烂了,但却未产生蛆。

今天我们清楚了,食物之所以腐烂,是由细菌或其他微生物所致,因而可以说"虫生而后物腐"。

问题转换诡辩

当对方提出的问题不好回答或者不方便回答时,我们可以通过转换对方的问题来回答,这种方法就是问题转换的诡辩。

对方提出了一个使你难堪的问题,你并没有正面回答对方提出的问题,而是从对方的问题中引出一个新的问题推给对方,这种手法就是问题转换法。

甲:人为什么要有理想呢?

乙:什么是"人"?

甲:人是社会动物。

乙:"动物"又是什么?

甲:动物是有神经、有感觉、能运动的生物。

乙:那"生物"又是什么?

甲:你还有没有完了?

乙:你答不出来就完了。

你看,本来是甲提出的问题要求乙回答,结果变成乙提出问题要求甲回答;本来乙答不出或不好回答,结果甲失败了。这样,诡辩者就达到了目的。所以,对这种诡辩的最好办法,就是抓住最初的问题不放,即使回答新的问题是必要的,也要及时拉回来,千万不能跟着对方从岔道跑下去。

一位叫约翰的病人问医生:"我能活到90岁吗?"

医生检查了一下约翰的身体后,问道:"你今年多大啦?"

病人说:"40岁。"

"你有什么嗜好吗?比如说,喜欢饮酒、吸烟、赌钱、女人,或者其他的嗜好?"

"我最恨吸烟、喝酒,更讨厌女人。"

"天哪!那你还要活到90岁干什么?"

本来病人的期待是:戒绝烟酒女人得到肯定的评价,其结果则不但相反，而且把这一切当成了生命意义。否定了这一切，就否定了活到90岁的价值，那就是医生竟然把这一切的价值置于高于长命的价值之上。

有些教师也很善于使用这种方法。下课或辅导时，学生向他提出一个又一个疑难问题，有的回答了，有的他自己也不懂。本来应该实事求是，知之为知之，不知为不知，说"我也不懂，咱们一起研究吧"。但有的教师不肯放下这个架子，反问道"你为什么要提出这个问题呢？你对这个问题是怎么看的？"结果把问题又推给学生。

转换重音的诡辩

同一句话，假如重读部位不同，便可能产生不同的甚至完全相反的意义。

比方说有这样一句话：

"我"没说她偷了我的钱（可是有人这么说）。

我"没"说她偷了我的钱（我确实没这么说）。

我没"说"她偷了我的钱（可是我是这么暗示的）。

我没说"她"偷了我的钱（也有他人偷的可能）。

我没说她"偷了"我的钱（可是她对这钱做了某些事）。

我没说她偷了"我的"钱（她偷了别人的钱）。

我没说她偷了我的"钱"（她偷了别的东西）。

从头到尾一字不差的一句话，重读的词不同，就会有如此不同的含义。用这种方法偷梁换柱的，就是重读法诡辩，或曰加重语气诡辩。例如："我们不应讲我们朋友的坏话。"

在通常情况下，这是一句很好的话，用以相互告诫，有利于品德修养。但是，如果有人故意加重"我们朋友"这个片语，即：

"我们不应讲我们朋友的坏话。"

那就等于说，我们可以随便讲不是"我们朋友"的坏话，把这句话的本来意义完全变了。

在一艘外轮上，船长和大副之间不和。大副动不动就酗酒，船长常常批评他。

一日，大副又酗酒，船长在记事簿上记道："大副今天酗酒。"

次日，大副值班，见船长记其酗酒，灵机一动，提起笔来也记道："船长今天没有酗酒。"

当船返回港后，港务局的领导检查了记事簿，认为船长和大副都酗酒了，决定都给处分。

大副玩弄的就是重读法诡辩，不仅欺骗了上司，而且害得船长也受了处分。

标准不统一的诡辩

据传说，古希腊一个叫作欧提勒士的人，向当时著名的辩论者普罗泰哥拉学习法律。师生之间订有合同，合同规定，在毕业时欧提勒士付给老师一半学费，另一半学费等欧提勒士第一次出庭打赢官司时再付清。但欧提勒士毕业后并没有出庭打官司，普罗泰哥拉等得实在不耐烦了，就向法官起诉，要欧提勒士付另一半学费。

普罗泰哥拉的论证是这样的："如果你欧提勒士这次官司打赢，那么按照合同，你应付给我另一半学费，如果你欧提勒士这次官司打输，那么按照法官判决，你也应付给我另一半学费。你这次官司或者打赢，或者打输，你都应付给我另一半学费。"

欧提勒士进行了反击，他回答道："如果我打赢了这场官司,那么按照法庭判决,我不必给你另一半学费;如果我打输了这场官司,那么按照合同,我也不必给你另一半学费;我或者打赢或者打输,我都不必给你另一半学费。"

这个故事乍听起来,师徒二人的话都有其一定的道理,但这并不能掩盖两者都用的是诡辩辩论方法的实质。师生二人之所以能得出对自己有利而又迥然不同的结论,是因为二人所使用的标准不一样,所以整个论题便是不确定的。

这就是"以讹对讹,以毒攻毒"的方法,就是指对诡辩进行反驳中,可以运用以毒攻毒的方法,即采用"以其人之道,还治其人之身"的方法。

古希腊著名诡辩家欧布利德在某大公那儿当谋士。有一天,他对他的同事说:"你们没有失掉的东西,那么你就有这件东西,对吗?"

同事答道:"对呀!"

欧布利德接着说:"你没有失掉头上的角,那你头上就有角了。"

人的头上是不会长角的,这是大家都了解的事实,可是,欧布利德却言之凿凿地"论证"他的同事头上有角。

为什么欧布利德会得出这么荒谬的结论,原因在于,他在不同意义下两次使用了"没有失掉"这个词语,但两次的含义却不一致。前一个"没有失掉"是针对原来具有的东西说的,就是没有失掉原来具有的东西;而后一个"没有失掉"却是对本来没有的东西说的,就是没有失掉原来所不具有的角。

他的同事自然对这个荒谬的结论不服气,就拉他到大公那儿去评理。大公很聪明,听了欧布利德的"论证",对他说:"在这个城堡里,你没有失去坐牢的机会,那就请你享受三天吧。"这里,大公巧妙地使用了"以其人之道,还治其人之身"的方法,反驳得非常有力。

在实际辩论中，诡辩的手法是千变万化的，而反驳诡辩的方法也是多种多样的，这就需要我们在实践中运用正确的观点和逻辑方法对具体论题具体分析，采用灵活机动的反驳战术，去战胜诡辩。

《吕氏春秋·淫辞》中记载了这样一件事：

秦国和赵国在空雒会上订了一个互助条约，条约规定：缔约国一方想干什么，另一方就要相助。不久秦发兵攻打魏国，赵要去救魏。秦王极为不满，就派人责备赵王背约。赵惠文王求计于平原君赵胜，赵胜又求计于公孙龙。公孙龙建议赵王也派人去责备秦王背约，因为根据条约规定，赵国想干的事，秦国就应该帮助；现在赵国要去救魏国，秦国理应帮助赵救魏。

问题就出在条约的条文上面。这个条约的条文是抽象的，缺乏明确的规定性。公孙龙是诡辩论的代表人物，被他钻了空子。其实，攻魏的正是秦国，秦国怎么能既攻魏又救魏呢？所以，这是一起永远也断不清的外交官司。

上例中是一种抽象法诡辩，是指那种无明确规定性的议论。这种议论怎样都可以解释，因而也就什么也不能解释。例如问："下雨好不好？"这就是抽象法诡辩，因为它缺少必要的具体的规定。如果久旱缺雨时普降甘露当然是值得庆幸的事；但若是已经积涝成灾，仍阴雨连绵，那无疑不是好事。

离开事物的总体联系而抽象议论，也是抽象法诡辩。

古代有一个鉴定宝剑的人说："白锡是用来使剑坚硬的，黄铜是用来使剑柔韧的，黄白相掺杂，那么既坚硬又柔韧，必定是柄好剑。"

反驳他的人说："白锡是用来使剑不柔韧的，黄铜是用来使剑不坚硬的，黄白相掺杂，那么既不坚硬又不柔韧。而且，柔韧就会卷曲，坚硬就易折断，这剑既会折断又会卷曲，怎么能说是柄好剑呢？"

事物是多样性的统一，每一种属性都不是孤立存在的，而是相互依存、相互联结，构成统一整体。如果离开了事物的总体联系，把对象分解成互不相干的方面去孤立加以分析，然后得出该事物的总体结论，那就是十足的抽象法诡辩。

任何真理都是有界限的，都有其特定的使用范围，超出这个范围，真理和谬误立即向相反方向转化。抽象法诡辩的表现之一，就是故意无视真理的界限，不分时间、地点随意套用。总之，是没有一个统一的规范和标准的。

以偏概全的诡辩

以偏概全就是将只适用于少数特殊事例的属性推广到全类中去的诡辩方法。

《晏子春秋》中记载了这样一个故事：

一次，晏子出使楚国，楚王安排了酒席，招待晏子。

正当他们吃得高兴的时候，有两个小官绑着一个人来见楚王。这是楚王有意安排的，想羞辱晏子。

楚王故意问："这人犯了什么罪？"对曰："他是强盗。"

"哪国人？"

"齐国人。"

当时，晏子在齐国做事。楚王便回头对晏子说："齐国人原来是惯做强盗的呀！"

很明显，即使那个被捆绑的人真的是强盗，也不能证明所有的齐国人都"惯做强盗"，楚王玩弄的就是以偏概全的诡辩。

以偏概全，作为逻辑谬误，是许多人在交往中经常犯的。

下面是几个常见的例子：

（1）"凳子都是四条腿的。"

（2）"饮料有害健康。"

（3）"女人心最狠。"

这种例子要多少有多少，如果把它们都说成是诡辩，怕是很难接受的，但同以偏概全的诡辩在实质上是没有多大区别的。

我们看见10万只天鹅是白的，也不能证明所有天鹅都是白的，现在不已经发现黑天鹅、灰天鹅了吗？

还有一种合谓法是把本来属于某一部分的属性，不适当地应用于其整体上的方法。这也是一种常见的诡辩。

一喝酒就醉，不论是啤酒还是白酒。啤酒也好白酒也好，都加进了水，所以水是醉酒的原因之一，因而不能喝酒的人也不能喝水。

这些例子都属于合谓诡辩，把本来属于对象部分或个别方面的属性，强加给对象整体。我们说第二次世界大战中原子弹所造成的损害远比普通炸弹要大，仅是个别比较，并非整体比较。事实上，第二次世界大战中，普通炸弹的总体损害，要比美国扔的两颗原子弹的损害大得多。

以全概偏的诡辩

对于偶然发生的例外事件，不能以常理来推论。如果用一个通则来解释一个例外事件，就是以全概偏的诡辩。这里所说的"常理""通则"是指经验归纳所得的结论。这种结论来自于对正常情况下所发生的事件或大多数情况的概括，所以它不适用于例外。

柏拉图在《理想国》一书中，对于"欠债必还"这个通则，就举出例外的例子：

"假如一个朋友在精神正常时把一支手枪放在我处，而在精神失常时向我索取此枪,此时,我应给他呢,还是不给他?无人会说,我应还给他。"

通常说来是正确的道理,并非就是放之四海而皆准的,因为事件是在特定条件下发生的。以全概偏的诡辩就在于本来不能用常理来解释的事件仍以常理来解释。下面的例子都属于这种诡辩:

(1)甲:"人每只手有5个指头。"

乙:"也有长6个指头的。"

甲:"长6个指头的不是人。"

(2)昨天买什么,今天就吃什么。

(昨天买的是耗子药,今天就吃耗子药)。

(3)如果一个人的活儿让60个人干,就能快60倍;挖坑埋柱子,如果一个人干1分钟就能完成;同样是挖坑埋柱子,60个人干1秒钟就能完成。

还有一种分谓法就是把本来属于整体的属性,不恰当地应用于部分上的方法。这是同合谓法相反的又一种诡辩。

当学校公布降级率为0.5%时,有个学生认为这么低的降级率,一定落不到我头上。殊不知,如果这名学生智能很差,又不用功,作业也不完成,又常常旷课,且品行不好,则那0.5%很有可能就落在他的头上。对整个学校来说,降级率是0.5%,而对这名学生来说,却是100%。

相反,假如整个学校的降级率为90%,虽有如此高的降级率,但对一名勤奋好学且天资聪颖的学生而言,可能等于零。

有一个市统计,适婚年龄的男子比女子少,有个别男青年得此信息,喜不胜喜,态度也骄傲起来,"天涯何处无芳草",大姑娘上鞭子赶,不愁找不着好对象。这种人未必晓得,这种统计结果只能解释"整体",却未必适用于哪一个人。如果这人其貌不扬,且缺德少才,即使天下男生寥寥无几,也未必有女孩子对他青睐。

请看下面的例子：

（1）——A球队是一流的；

——小李是A球队的一员；

——小李是第一流的。

（2）——美国是富有的；

——约翰是美国人；

——约翰是富有的。

诸如此类，都是分谓诡辩。美国的确比较富裕，国民收入不是世界最高，也是名列前茅。但美国仍然有穷人，靠领救济金过日子的也不在少数。

名实互混的诡辩

一个地主做寿，把长工们一个月的工钱扣了下来，说是算送了礼。等到请客那天，他只给长工们每人一个鸡蛋，并且说："这是未来的大肥鸡，吃吧！"长工们忍住气，吃了鸡蛋，又干活去了。

不久，一个长工结婚，穷哥们告诉了地主，地主于是在举行婚宴的那天早上也送了礼——红纸包的一枚铜钱，然后空着肚子独占一桌准备大吃一顿。一会儿，主人双手捧上一碗毛竹片，殷勤地说："这是过去的鲜味嫩笋，请吃吧！"穷哥们拍手大笑，地主只好按着空肚子，走了。

你混淆，我就混淆，以毒攻毒。

"火不热"是我国春秋战国时期名家的诡辩之一。"火"具有热的属性，我们也经验过火很热；但"火"这个字本身却不会热。假如地上写了很多"火"字，而你踩在"火"字上，当然不会觉得热。同理，你的电饭锅坏了，你在电饭锅下写好多"火"字，难道饭会煮熟吗？

很显然，任何语言文字都有两个方面：一是指语言文字的意义描述，一是指语言文字本身。前者指语言文字的"实"，后者则指语言文字的"名"。名实互混早在古代就成为诡辩家们的一种手法。

之所以出现这种情况，乃是混淆了"文字的指涉意义"与"文字本身"的结果。从指涉意义看：

古今中外利用名实互混法玩弄诡辩的大有人在，这类诡辩命题也比比皆是。琢磨下面的例子：

（1）"饭是不能吃的，饮料是不能饮的。"

（2）"'全盘西化'本身就不'全盘西化'。"

（3）甲："你还有没有啊！"乙："我还有没有。"

（4）"我所做的决定，就是我不做决定。"

（5）某处写着："此处不得书写文字。"

制造混乱诡辩法

古希腊智者欧底姆斯与某青年之间的一场辩论。

相传，苏格拉底领着一个青年，到智者欧底姆斯那里去请教。这个智者为了显示自己的本领，给这个青年一个下马威，便劈头盖脑提出这样一个问题："你学的是已经知道的东西，还是不知道的东西？"

这个青年回答说："我学习的当然是我不知道的东西。"

于是，这个智者就向这个青年提出了一连串的问题："你认识字母吗？"

"认识。"

"所有的字母都认识吗?"

"是,都认识。"

"教师教你的时候,是不是教你认识字母?"

"是。"

"如果你认识字母,那么,他教的不就是您已经知道了的东西吗?"

"是的。"

"那么,是不是你并不在学,而只是那些不识字的人在学?"

"不是,我也在学。"

"那么,你认识字母,而你又在学字母,就是你学你已经知道的东西了。"

"是的。"

"那么,你最初的回答就不对了。"

这个故事里,智者就是在实施乱而胜之式诡辩术。"我学习不知道的东西"是指学习以前自己不知道的东西,"我学习已经知道的东西"是指自己学习后已经知道的东西,这个智者故意混淆这之间的区别,把这个青年弄得昏头昏脑,承认自己的失败,甘愿拜智者为师。

某苏丹王爱马。一日,他获悉一位大臣家里有七匹安达路西亚马,就绞尽脑汁地想把它们弄到手。不久,他向全国发出了命令:

(1)拥有安达路西亚马的人,必须立即申报;

(2)每一匹马要缴纳一百第纳尔的税钱;

(3)持有五匹以上的按五匹申报;

(4)不准谎报马的匹数。

那位大臣看到命令后,就让管家支付500第纳尔的税钱,但管家忠告说:"主人,我觉得不妙,要是按五匹申报,就违背了命令的第四条,弄不好马就有可能全被没收。"

大臣听了,说:"那就报七匹吗,支付700第纳尔的税钱。"

管家又说:"这又违背了第三条。"

最后,大臣在管家的劝说下,决定把三匹马分给儿子,然后分别以3匹和4匹申报。这样苏丹的计谋就落空了。

这个故事中,苏丹王企图占有大臣的马匹就是使用了乱而胜之式诡辩术,他使用包含有自相矛盾的命令企图使对方陷入困境,但最终却被聪明的管家揭穿而宣告失败。

在辩论中,辩论的双方或各方如果都能够严格地逻辑推理,都一本正经地摆事实、讲道理,诡辩就不会有市场。

但是,辩论总是要分出胜负,当一方觉察到自己一方处于劣势的时候,他如果再一本正经地摆事实、讲道理,自然不会胜利,于是,诡辩者就会故意制造混乱,混淆视听,企图把水搅浑,乘机浑水摸鱼,获取胜利。我们把这种诡辩的方法,称之为乱而胜之式诡辩。

乱而胜之式诡辩还往往表现为故意制造逻辑矛盾,诱使对方陷入混乱状态之中。

柏拉图的《欧德谟斯篇》中,记载了古希腊狄翁尼索多鲁斯和克特西普斯之间的一场辩论:

狄翁尼索多鲁斯:"你说你有一条狗,是吗?"

克特西普斯:"是的,一条顶凶的狗。"

狄翁尼索多鲁斯:"它有小狗了吧?"

克特西普斯:"是的,它们都跟它长得很像。"

狄翁尼索多鲁斯:"那条狗是它们的爸爸?"

克特西普斯:"是的,我明明看见它跟小狗的妈妈在一块。"

狄翁尼索多鲁斯:"它不是你的吗?"

克特西普斯:"确确实实是我的。"

狄翁尼索多鲁斯:"如此说来,它又是爸爸,又是你的。故而它是你的爸爸,小狗就是你的兄弟了。"

在这段辩论中,狄翁尼索多鲁斯就是在诡辩。其中的"它是爸爸"是指"它是小狗的爸爸"，"它是你的"是指"它是你家的狗"。可是狄翁尼索多鲁斯却偷换了这其中的含义，得出"它是你的爸爸"的荒谬结论，他使用的就是乱而胜之式诡辩术。

模棱两可诡辩

在是非、黑白面前骑墙居中，含糊其词，既不肯定也不否定，就是模棱两可的诡辩。

挪威数学家阿贝尔，1822年留学巴黎期间完成了数学论文。当时法国科学院指定数学权威勒让德和勾犀审定。勾犀未表态，勒让德批道："或可通过。"

勾犀和勒让德对到底是"应当通过"还是"不应当通过"，均未置可否。

对问题不做明确肯定的回答，既不说"是"，又不说"否"，这是诡辩的一个主要手法。

在说辩中，"两可术"的功效有两点：

1.给对方一点希望之光，有利于稳住对方的情绪

在说辩和交际中，有时对方要求解决和答复某一问题，内心总是寄予着厚望。如果突然遭到生硬的拒绝，心理上难以平衡，情绪难以稳定，易使对方产生偏激言行，有碍于说辩和人际交往。

2.给自己留有回旋的余地

有些问题本来就是这样办也可以，那样办也可以，因此，态度表得太明确太死，会束缚别人和自己的思维及手脚。

但在一些特殊的场合，模棱两可也是必要的。鲁迅曾经讲过一个故事：

一个财主晚年得子，不胜高兴。他抱着刚生下来的孩子到大

街上招摇。来了一个人,财主问:"这孩子怎么样?"那人迎合说:"这孩子能当大官。"财主很是欢喜,立即赏了钱。又来了一个人,财主又问,那人奉承说:"这孩子将来一定能发财。"财主又赏了些银两。最后来了一个耿直的老农,财主再问,老农不爱理睬地说:"这孩子终究得死。"财主气急败坏,喊来家丁把老农打了一顿。

最后,鲁迅不无感慨地说,这是什么世道啊!说假话的得钱,说真话的挨了打,要是遇见我,只好说:"啊呀,哈哈,啊哈,这孩子,哈哈……"

同一句话,既可做这样解,又可做那样解,而且有时两种解释相去甚远,也是一种含糊其词的诡辩。

从广义上说,含糊其词还包括歧义法。歧义法是利用一词多义来玩弄诡辩;含糊其词则主要是利用不合理的文法结构进行诡辩。

从前有三个秀才进京赶考,到了京城,三人都去算了一卦。算卦先生故弄玄虚地摇了一阵子,最后伸出一个指头,什么也没有说。

结果,三人只考中一个。他们三人暗中称奇,觉得老先生的卦真如神灵一般。

其实,他们哪里知道,算卦先生伸出的一个指头——这无声的语言,有四种意义:

如果考中一个,就解释为:"一个人考中"。

如果考中两个,就解释为:"只有一个人没考中"。

如果考中三个,就解释为:"一个也没剩"。

如果三个人都没考中,就解释为:"一个人也没考中"。

从这个例子中,我们不难看出:一个指头作为一个词,是明确的,即指"一个人";但作为一个句子,由于缺少必要的部分,其语义就暧昧不清,属于含糊其词的诡辩。

数字诡辩

一个穿戴华贵的妇人花了一万元钱买了一枚钻戒,可是第二天她又来到同一个首饰店说:"昨天买的戒指不称心,我换一下。"

说完,她拿起一个价值两万元的戒指就走。

店员十分惊讶,上去索要一万元的差价。

这个妇人火了,反问:"怎么还少一万元?!我昨天不是给你们一万元了吗?今天又给了你们一个价值一万元的戒指,合起来不是两万元吗?"当然,店员马上喊来了保安,让这个妇人闭上了嘴。

有的玩弄数字式诡辩,还犯有偷换概念的错误。揭穿这种诡辩,必须把偷换概念的地方提示出来。

张奶奶在菜市场看到有人在拍卖大龙虾,一只仅要30元,但是一次至少得买8只。

看到活蹦乱跳的龙虾竟然卖得如此便宜,张奶奶有些心动,可是8只大龙虾太多了,她站在摊位前举棋不定。这时有位年轻太太挤了过来对李老太太说:"老太太,8只太多了,我们俩合着买好不好?"张奶奶开心地答应了,于是两人各出120元合买了8只龙虾。

年轻太太将龙虾分成两袋,一袋5只,另一袋3只,她说:"老太太,我家只有两个人,你比我多2只,再付给我60元好不好?"

张奶奶心想儿子全家星期天回来,打打牙祭也好,于是就答应多拿2只,又多付了60元给那位年轻太太。回到家里向张爷爷叙述了一番,忽然张爷爷大声说:"老太婆,你上当啦!"怎么会上当呢?张奶奶仔细一算,果真上当了。

计算法诡辩,就是运用似是而非的计算去糊弄对方。

春秋时期。艾子有个老朋友叫虞任。虞任有个小女儿,长得玲珑可爱，艾子十分喜欢。在她刚满两周岁时，艾子上门要为自己的儿子求亲。

虞任问："你儿子多大？"

艾子回答："4岁。"

虞任听罢沉下脸说："你想把我的小女嫁给一个老头子吗？"

艾子听后，丈二和尚摸不着头脑，便问："这从何说起呢？"

虞任说："你的儿子4岁，我的女儿2岁，你儿子足足比我女儿大一倍的年纪。倘若我女儿20岁出嫁，你儿子就是40岁。若有什么事耽搁到25岁出家，那你儿子就是50岁的人了。这不是叫我家小女去陪伴一个老头子吗？"

虞任可能是愚笨至极，真的算不开这笔账，或者是不愿定这门亲事，又不好直说，于是耍了这个诡辩。

即使"诡辩"，如果能使人快乐（例如相声）也是好事。下面是用计算法诡辩制成的逻辑难题（或称语言之谜）。

在一个只有12个单间的小旅店里，一天来了13个旅客。店主人心肠热，千方百计要使客人都住下。

他先让最后来的那位客人住进1号房间，其余的客人按来到的先后顺序分别住进了1号到12号房间，每屋一人。

这样，1号房间实际上住进了两个人，并且第三个来的住进了2号房间，第四个来的住进了3号房间，第五个来的住进了4号房间，依次类推，第十二个来的住进了11号房间。最后，店主人又把最后来的那位客人从1号房间安排到空着的12号房间。这样，店主人就顺利地把13位客人平均每屋一人地安排进12个房间里。

可能吗？如果不可能，那么问题出在哪里？

13位客人无论如何也不能"平均每屋1人"住进12个房间。这个荒唐的结论来自于似是而非的计算。

按着店主人最初的安排，1号房间确实住进两个人，但其中一个是第十三个到达的客人,另一个是第一个到达的客人,没有计算第二个到达的客人。店主人在后来的分配中,干脆把第二个到达的客人丢开了。

问题就出在"第三个来的住进了第2号房间"这一虚假的计算中。

在语言中,人们最容易受骗的是数字。因为数字是精确的、清楚的,而且是统计出来的,所以很少有人怀疑。因而诡辩者对此很感兴趣,据说国外还有这方面的专著——《统计说谎法》。如果对于数字的意义、统计的方法、统计的单位等没有一定程度的专门知识,就很容易上当。

在无法以精确数字表示出来的统计结果上,为了某种目的,却以精确数字表示,是把统计法变成诡辩术的另一种情况。

矛盾诡辩

这是在从前的许多私塾里发生过的故事。

两个学生靠在桌子上睡着了。"啪!"欺贫怕富的老先生一戒尺打下去,打醒了那个穿得破破烂烂的学生,还呵斥道:"你一摸到书就睡着了,你看他,"老先生指着旁边那个穿戴阔气的学生说,"睡着了都还拿着书呢!"

当然,这起事件的结果是:穷孩子揉揉眼,继续读书,终于在若干年后状元及第;那个富人家的孩子继续睡觉,若干年后,败尽了祖上的遗产,成了穷人。

帽店的生意有点冷清,终于来了三个客人。

一个客人拿了一顶帽子,说帽子小了点。老板说:"这样刚好啊!好的帽子戴了以后就会慢慢松一点。"另一个顾客拿了一顶帽子,说帽子大了点。老板说:"这样刚好啊!好的帽子洗洗水就会紧的。"第三个顾客选了一顶帽子，大小正好，客人说："这顶帽子不大不小，正合适。"老板说："啊！太合适了，不大也不小，好的帽子是决不会走样的。"

三个顾客哈哈大笑。前两个顾客看在店主能言善辩的面子上，也就都买下了对于各自来说都不合适的帽子。

类似这样强加理由却又无关痛痒的诡辩，我们权当是在看一场戏吧。眯着眼睛看，那似乎是最合适的。但是，我们不能也跟着学，一会儿把一件事情说大，一下子又把那件事情说小，最后让别人笑话。

还有不是矛盾而伪装成矛盾的情况发生。

有这样一个例子：

甲："对不起，这么晚了，请别弹琴了。"

乙："什么？！你家孩子半夜哭怎么不说？你家厕所晚上还有流水声呢，怎么办？你们能把厕所关了吗？"

这就是伪装矛盾的例子。甲反对乙深更半夜弹琴因为影响他人休息，乙对此不置可否，而是吹毛求疵地提出甲家半夜孩子哭、厕所的流水声，以其同甲所提出的问题无理抵消。这种抵消之所以是"无理的"，是因为"孩子哭"或"厕所有流水声"是不可避免的，且对他人休息并无大碍，而半夜弹钢琴是人为的，且会严重影响他人休息，所以二者无论如何也是不矛盾的。

推理不当诡辩

有个赖账赖出了名的律师，请了位医生给他的妻子治病。通过诊断，医生发现律师妻子的病情十分严重，于是对律师说："我担心看完病后，您不会付钱。"律师说："请放心，我向您保证，无论您救活了她，还是误诊医死了她，我都将如数付给您

500英镑。"医生于是全力投入抢救，但是病人因为病情过重，还是死了。医生在表示歉意后，要求付给急救酬金。律师问："我的妻子是您误诊医死的吗？"医生说："当然不是，我的诊断和用药都没有错。"律师又问："那么您把她救活了吗？"医生说："这不可能，她的病情实在太重了。"律师终于大声地说道："这就对啦，既然您没有救活她，也没有误诊医死她，根据我的保证，我就不该付给您500英镑了。"医生突然想到律师的承诺故意漏掉了"因病重抢救无效而死"的可能，但也没办法。

这是赖账高手的秘密。它告诉我们，做事一定要考虑周密。如果没有识破诡计，上了对方的当，那就没有办法。

除了上面这些，还有一种推理方法也经常成为诡辩。

如果一个倒了全部都倒，这种论证方法叫多米诺法。"千里长堤，毁于蚁穴"，在许多时候这是深刻的思维方式，但如果不适当地使用，就可能成为诡辩。

为了幸福地度过一生，就要找到好工作；为了找到好工作，就要上好大学；要上好大学，就要上好高中；为了上好高中，就要上好初中；要上好初中，就要上好小学；为了上好小学，就得上好幼儿园，所以说，不能进好幼儿园，就不能幸福地度过一生。这是多米诺法的一个常见的例子。孩子若能上好幼儿园固然好，但"不能进好幼儿园，就不能幸福地度过一生"，无论如何也是诡辩。

首先，这个推理过程有着极大的主观随意性。这个推理可以无限地进行下去（只要需要的话），例如可以接着上面的问题一直追问下去：为了进好幼儿园，爸爸就得找个好妻子；爸爸为了找个好妻子，他就得有个好工作；为此他就得上好大学……一直可以推到祖父、曾祖父，无限地推下去。究竟在何处中止而得出结论，完全以推论者主观需要来定。这种推论不仅可以无限制推下去，还可以根据需要随意改变方向。如还可以说，"为了上好幼儿园，爸爸就得有权；爸爸要想有权，就得有个好机会……"很显然，这样的推理可以得出想得出的任何结论，因而一文不值。

其次，孩子能不能上个好幼儿园，同他是否能够"幸福地度过一生"之间，虽说有联系，然而太微弱了，并非必然联系。事实上，在世界上根本就没有幼儿园的年代也幸福地度过一生的也大有人在。在现代，即使进了国家最高级的幼儿园的孩子，也有长大后变成罪犯的。要想"幸福地度过一生"，这不仅取决于主观上在一生中的努力，而且取决于一生中所处的客观条件，绝不是"能否上好幼儿园"所决定的。

较真诡辩

辩论中的较真有时候也是诡辩的一种。

自然语言是相当暧昧的，弄不清确切含义很容易陷入混淆之境。这就是说，使用语词要注意精确性。但是这种精确性的要求并不是绝对的，在任何情况下都是必要的。在不必要精确的地方吹毛求疵，做出似是而非的议论，就是精确法诡辩。

精确法诡辩的具体表现形式是多种多样的，这里主要谈谈下列三种常见的情形。

1.在特定的语境中，有的话是可以而且应该省略的，否则会陷入烦琐哲学之中，但玩弄诡辩的人常常对省略语吹毛求疵。

甲、乙两人在午间相遇，当时没有第三者。

甲："吃饭了吗？"

乙："你问谁呀？"

甲："我问你呗，还有谁。"

乙："我怎么回答你呢？"

甲："吃了就吃了，没吃就没吃，这还不简单吗？"

乙："问题是早饭、午饭还是晚饭呢？是今天的、明天的还是后天的呢？"

2.各民族语言都有许多习惯用语，在中国除了习惯语外，还有成语、歇后语，这类语词都是在长期的语言实践中约定俗成的，大家都这么用，并且形成了固定意义，对其组织形式通常没有人也没有必要究其精确性，但是诡辩论者往往在这个地方玩弄精确法诡辩。

（1）"一目了然"。

如果有人要挑"毛病"，则会反问："那么两目呢？"

（2）"救火"。

挑剔的人会说："火不是越救越旺吗？"

诸如此类，不胜枚举。其实，这是不是在鸡蛋里挑骨头呢？

（3）在日常生活范围内，人们大量使用经验概念，这类概念在经验范围内是明确的，从不会发生混乱，如"红色""走路"等。

假如有人硬要把"红色"定义为波长多少多少的光波（这在某些科学领域内是必要的），把"走路"定义为两足前后迈动且不同时离地……结果反倒把人弄糊涂了。

使用断句诡辩

"民可使由之不可使知之。"

持批判的人说，孔子这句话是愚民政策，因为他说："民可使由之，（但）不可使知之。"

持赞美观点的人说，孔子这句话有较高的民主意味，因为他说："民可，使由之；不可，使知之。"这不是民主思想又是什么？

标点符号是现代书面语言特别是汉语的有机组成部分。它主要有三个作用：表示停顿；表达语气；表示语句的性质和作用。

所谓断句，就是打标点。标点不同或标点位置不同就可能使句子的意义发生根本性变化。

利用断句玩弄诡辩，称为断句法诡辩。

断句法诡辩的一种情况，是提出模棱两可的语句，根据需要任意断句，以愚弄对方。

断句法诡辩的另一种情况，是基于某种企图，任意给别人的话断句。

有这样一副对联，是表现农村兴旺发达的景象和农户欢天喜地的心情的。

"养猪头头象，老鼠只只死；酿酒坛坛好，造醋节节酸。"

但一个存心不良的人把逗号统统往后移了两个字，结果变成："养猪头头像老鼠，只只死；酿酒坛坛好造醋，节节酸。"

这样前后的意思就完全不一样了。

以谬制谬，反驳诡辩

在辩论中，对方的诡辩逻辑如果是错误的，我们不妨顺着这个错误的逻辑，将错就错，就地取材，重新构设一个诡辩进行反驳。这就是所谓的以谬对谬的方法。

当诡辩者的语言含糊不清、模棱两可时，则可以通过对其语言进行判断、分析、解释，批驳他的荒谬观点，阐明自己的观点。

当诡辩者的内容是矛盾的，就可以先指明矛盾所在，然后再点出问题的实质。

放大错误，批驳谬论

要反对别人的论点，并不一定要正面驳斥，而是先假定对方的命题为真，然后以对方的命题为前提加以演绎，导引到一个显而易见的荒唐结论上去，并将之推向极端，推向明显荒谬的结论，从而达到驳倒对方的目的。

三国时候，蜀国突然发生一次严重的旱灾，蜀先主刘备命令全国上下禁止酿酒，以免浪费了仓廪存粮。为了彻底禁止酿酒，又规定了凡是被查出有酿酒用具的人，与制酒者一样受罚，不得轻易饶恕。

但是，旱灾并不一定每年都会发生，禁止酿酒也只是短时间内的权宜措施，如果真的把酿酒的所有用具完全摧毁丢弃，民众会舍不得；更何况查出那些酿酒用具，只不过是说明了那人尚存有酿酒之心，并不足以证明他们正在进行酿酒。如果就这样不分青红皂白地与酿酒者一样被处罚，人们会觉得近于苛刻，只是苦于没人敢提出改善的意见。

有一天，简雍陪刘备出宫在外游逛，见前面走来一对同行的男女，就趁机对刘备说："他们两个要相互勾搭，为什么不下令将他们抓起来？"刘备不解他话中之意，好奇地问道："你怎么知道他俩要相淫？由哪里看出？"简雍笑着回答："他俩都有性器呀！这和你所规定的有酿酒器具的人要和酿酒者同样遭受处分是一样的道理啊！"

刘备听他说罢，不禁笑了起来，立即下令，对有酿酒器具而没有以粮酿酒的百姓，不再处罚追究。

这就是通过假设对方的论点是真的然后进行推论，来达到驳倒对方论点的目的，所以说这一手法是"欲正故谬"；又因为这种方法是通过合乎逻辑的推导，使原来不大明显的谬误得以"放大"，一目了然，对对方的批驳就很明显了。

在说辩中，很多人都能够自然地运用这种推理方式，将对方论点的条件部分，给予推衍、扩展、引申，找出一个比较特殊的条件，使这条件与对方的结论相背谬，从而驳倒对方的观点。

简单来说，这种方法是为了驳倒对方，并不一定非要采取一味进攻的方法，而是先退一步，假定对方的思想和观点是对的，然后从中推导出非常荒谬的结果，使对方思想和观点中原来不大明显的谬误，显微扩大，这样就推翻了对方的论点。导谬术，既是一面显微镜，又如一面放大镜，能鲜明突出地揭露出反论题的虚假、荒谬。因此，它是人们在辩论中非常喜欢使用的一种方法。

总体来说，我们可以通过下面的方法来放大对方的错误。

1.从对方论点中找出一个与其矛盾的判断

"有的判断不是真的"既然是以"一切判断都是真的"为前提推出来的，而两者又构成了矛盾判断，根据排中律，可见"一切判断是真的"这句话是假的。

有个半懂不懂的佛教徒正在当众宣传"轮回报应"的佛教理论，他说人们不能"杀生"，因为今世杀了什么生物，来世就要变成什么生物。比如你杀了牛，来世就变牛；杀了猪，来世就变猪。即使杀了蝼蛄、蚂蚁，来世也会变成蝼蚁。

正在他讲得起劲时，有一位姓王的先生插言道："照你的说法，大家都杀人好了！"佛教徒气急败坏地说："胡说，我们佛门子弟连蝼蚁的性命都不肯伤害，怎么能杀人呢？"

王先生说："不对，你刚才说杀什么来世变成什么，杀牛变牛，杀猪变猪，如果你这种说法是对的，那么，来世要变人，就只有杀人了。这不是号召大家杀人吗？"这句话把佛教徒问得张口结舌。

王先生这里就是假定对方的命题正确，今世杀什么来世变什么，由此推出荒谬的结论：只有杀人，来世才能变人。显然这个结论是错误的。因此，根据充分条件假言判断的否定式，否定了后件，就必然否定前件，那位佛教徒关于"今世杀什么来世变什么"的命题就必然被否定。

2.从被反驳的判断中引申出荒谬结论即假判断，从而推出该被反驳判断虚假

在苏东坡的笔记文《志林·记与欧公语》中，苏东坡驳难欧阳修，也是应用的这一种形式。

一次，苏东坡与他的老师欧阳修在河边散步。师生二人引古论今，谈兴正浓。忽见一帆船驶过，船上舵工掌舵行舟，颇有一番惬意。欧阳修见此情景，便对苏东坡说起一件事，有一个病人，医生问他得病的原因，病人说是乘船时因遇上刮大风，受惊吓而得病。于是，医生按医书上"用麻黄根节，以及旧竹扇子刮屑入药，可以止汗"的教论，如法炮制，用从被汗水浸透了的舵把上刮下的木屑入药，为这病人治病。喝药后，病人的病真的好了。

苏东坡认为这不是科学之法，如果这样用药对头的话，那就会推导出一系列荒谬结论。于是，他对老师说："照此法行医，用笔墨烧灰入药给读书人喝下去，不是可以治昏惰病了吗？推而广之，那么喝一口伯夷（孤竹国君之子，与其弟互相推让王位）的洗手水，就可以治疗贪心病了；吃一口比干（商纣王淫乱，比干净谏而死）的残羹剩汁，就可以治好拍马屁的毛病了；舔一舔勇将樊哙的盾牌，就可以治疗胆怯病了；闻一闻古代美女西施的耳环，就可以除掉严重的皮肤病了？"

苏东坡正是运用这一方法，导引出一系列的荒谬结果，从而巧妙地驳斥了欧阳修提出的命题。

3.从被反驳判断中推导出两个矛盾判断

关于物体从高空下落的运动，亚里士多德曾断言："快慢与其重量成正比。"伽利略认为，在真空中，轻重物体应同时落

地，他假设重物A与重物B捆在一起成为A+B，因A+B比A重，它应比A先落地；另一方面，A比B落得快，B应减慢A的速度，所以A+B又应比A后落地。这样便得到了自相矛盾的结论，从而证明亚里士多德的论断是错误的。

有的逻辑工作者对这一推论的严密性提出质疑，引起不少逻辑工作者的争论，孰是孰非就不是本文所涉及的范围了。

歪理歪推，谬上加谬

歪理歪推，从而放大错误，这也是经常用到的诡辩方法。

《古今谭概》中有个笑话，说是一个人非常吝啬，从来不请客。有个邻人问及这个人的仆人，其主人什么时候请客。仆人说："要我家主人请客，你非等来世。"主人在里面听了，骂出声来："谁要你许他日子！"

"来世请客"明明是永远不请客的意思，是否定的意思，可是主人还不满意，从主人的话里我们可以找出更大的荒谬。

宋朝有个人叫邱浚，一次去杭州大寺院里拜访一位叫圆珊的老和尚。邱浚对老和尚彬彬有礼，可老和尚瞧着邱浚是个小官，职位很低，因而看不起他。老和尚头不抬、眼不睁，说起话来嘴也懒得张，态度十分傲慢。

这时，又有一位将军公子驾到，老和尚马上满脸堆笑，降阶相迎，热情招待，十分恭敬。

邱浚对老和尚的无礼非常气愤，等那位公子走了以后，他责问老和尚说："你为什么对将军公子那样恭敬，对我却这样冷若冰霜？"

老和尚说："你不懂。按我们佛门的规矩，恭敬就是不恭敬，不恭敬才是恭敬！"

邱浚听了老和尚的歪理，不禁怒火中烧。但他灵机一动，顺手抄起一根禅杖，照着老和尚的秃头上狠狠打了几下。老和尚抱头大叫，责问邱浚何故无礼打人。邱浚却说："既然恭敬就是不恭敬，不恭敬才是恭敬，那么，我打你就是不打你，不打你才是打你。这是以礼还礼呀！"

老和尚听了邱浚的回答，捂着火辣辣的秃头，无言以对，心中只有暗暗叫苦。

老和尚以势利眼光待客，还说出一番歪道理为自己辩解。邱浚灵机一动，抓住老和尚的歪理，歪理歪推，得出"打你就是不打你"的歪理，从而以歪制歪。

歪理歪推，是依据对方荒谬的逻辑进行荒谬的推理，从而推导出更加荒谬的结论。它的特点是，不但前提是歪的，而且推理的方法也是歪的，这种推理是不管多种可能性的，它只管一条路，即往荒谬的结果上推演。其效应是越推越歪，越歪越有趣，从而幽默感越强，讽刺味越浓。

侯宝林有一段相声，说两个人醉酒后逞能。一个说："你没醉？你能从这儿爬上去吗？"说罢，拿出手电筒，打开电门，朝天一道白光，让另一个醉鬼顺着这光柱往上爬。另一个说："我没醉，我懂，我不爬。我待会儿爬到半道，你一关电门，我会摔下来。"

一人让另一人爬光柱已是很可笑了，而另一个则说"他懂"，说爬到半道会摔下来，把荒谬推向极端从而产生极强的幽默效果。

一天，某国王写了一首诗，念给首席宫廷诗人听，并征求意见。这位诗人照实回答："淡而无味，杂乱无章。"国王听后非常生气，下令把诗人关进马棚。过了几天，亏得众人求情，诗人才被放出来。

不久国王写了一首新作，又吟给诗人听。诗人听完，一言不发，站起身来，垂着头，朝外就走。国王惊讶地问他："哪里去？"诗人说："陛下，我进马棚去！"

国王说诗好，诗人认为不好。而照实说就会被关进马棚，故他干脆直接说"我进马棚去"，意即国王的诗糟透了。

活用反语，放大荒谬

人们的语言表达有着约定俗成的习惯性规则。在特定的情况下，人们也出于表达的需要打破习惯的约束，并反其道而行之，便形成了反语。

汉武帝刘彻的乳母曾经在宫外犯了罪，武帝知道后，想依法处置她。乳母想起了能言善辩的东方朔，请他搭救。

东方朔对她说："这不是唇舌之争，你如果想获得解救，就在将抓走你的时候，只是不断地回头注视武帝，但千万不要说一句话，这样做也许有一线希望。"当传讯这位乳母时，这位乳母有意走到武帝面前，要向他辞行。当时东方朔正在旁边侍坐。

只见乳母面带愁容，不停地看着汉武帝。于是，东方朔就对乳母说："你也太痴了，皇帝现在已经长大了，哪里还会靠你的乳汁养活呢？"

武帝听出东方朔是话中有话，面部顿时露出凄然难堪之色，当即赦免了乳母的罪过。

所谓反语，就是用修辞的实际意思跟表面意思正好相反的话来表达思想感情的方法。而反语相讥就是修辞学中"反语"在辩论中的运用，即我们平常讲的"说反话"，辩论中的"说反话"是不直接说出正面的意思。

反语的具体方法，有时表现为反话正说，用正面的语言表达反面的意思。从表面来看，似乎是对对方的肯定与称赞。但是，如果联系特定的语言环境，就会发现它所表达的却是对对方的讽刺与嘲弄，具有极强的幽默讽刺意味。古代优孟劝谏庄王葬马就使用了这种方法。

有时候，也可以用反面的话来表达正面的意思。在某些特定的场合，人们习惯从正面来陈述和肯定的意思，但如果出人意料地用反面的话来说，自然会引起人们的惊讶，然后说话者突然揭示出话语的真正含义，这样能使语言更加幽默风趣，意味深长。

相传，海菲兹在伦敦首演后，文豪萧伯纳走到后台，向这位年轻的小提琴手说："这个世界上没有十全十美的事物，否则，就会招致诸神的嫉妒。我想建议您：每晚临睡之前，至少要奏出一个不准的音符来。"

萧伯纳是想对这年轻小提琴手高度称赞，但他却用反面的话表现出来，这更能给人以无穷的回味。

使用反语的辩论方法必须注意，无论是反话正说或者是正话反说，都应该明确，一定要使听众结合特定的语言环境，知道是在说反话。假如说得含糊不清，人们按字面的意思去理解，其效果自然就会大打折扣。

齐国有一个人得罪了齐景公，齐景公大怒，命人将这个胆大包天的人绑在了殿下，要召集左右武士来肢解这个人。为了防止别人干预他这次杀人举动，他甚至下令："有敢于劝谏者，也定斩不误。"文武百官见国君发了这么大的火，谁还敢上前自讨杀头之冤。

晏子见武士们要对那人肢解，急忙上前说："让我先试第一刀。"众人都觉得十分奇怪：晏相国平时是从不亲手杀人的，今天怎么啦？只见晏子左手抓着那个人的头，右手磨着刀，突然向坐在一旁的齐景公问道："古代贤明的君主要肢解人，你知道是从哪里开始下刀吗？"齐景公赶忙离开坐席，一边摇手一边说："别动手，别动手，把这人放了吧，过错在寡人。"那个人早已吓得半死，等他从惊悸中恢复过来，真不敢相信头还在自己肩上，连忙向晏子磕了三个大响头，死里逃生地走了。

　　晏子在齐景公身边，经常通过这种正话反说的方法，迫使齐景公改变一些荒谬的决定。

　　有一个马夫有一次杀掉了齐景公曾经骑过的老马，原来是那匹马生了病，久治不愈，马夫害怕它把疾病传染给马群，就把这匹马给宰杀了。

　　齐景公知道后，心疼极了，就斥责那个马夫，一气之下竟亲自操戈要杀死这个马夫。

　　马夫没想到国君为了一匹老病马竟会杀了自己，吓得早已面如土色。

　　晏子在一旁看见了，就急忙抓住齐景公手中的戈，对景公说："你这样急着杀死他，使他连自己的罪过都不知道就死了。我请求为你历数他的罪过，然后再杀也不迟。"齐景公说："好吧，我就让你处置这个浑蛋。"

　　晏子举着戈走近马夫，对他说："你为我们的国君养马，却把马给杀掉了，此罪当死。你使我们的国君因为马被杀而不得不杀掉养马的人，此罪又当死。你使我们的国君因为马被杀而杀掉了养马人的事，传遍四邻诸侯，使得人人皆知我们的国君爱马不爱人，得一不仁不义之名，此罪又当死。鉴于此，非杀了你不可。"

　　晏子还要再说什么，齐景公连忙说："夫子放了他吧，免得让我落个不仁的恶名，让天下人笑话。"就这样，那个马夫也被晏子巧妙地救了下来。

　　正话反说可以放大荒谬，让人更为明白地见到了荒谬的真面目，从而达到了更好的劝谏效果。

第七章

魔鬼逻辑学：让你每次辩论都能赢

　　逻辑学的作用是给予人一种理性的思考，不是用来和别人吵架，虽然确实很好用。

诠释辩题，确定论点

赛场论辩，论辩双方是临场抽签的。

一旦确定辩题，就要对其做出有利于己方的解释。确定己方论点，论辩时才可展开攻击，先发制人，攻守得体，游刃有余。

对辩题做出有利于己方的诠释通过论据的佐证，方可站稳脚跟，出奇制胜。

对辩题做出巧妙的诠释，方法有两种。

1.定义法

在1986年亚洲大专辩论会上双方抽到了"外来投资能够确保发展中国家经济高速增长"这一辩题。无疑，从命题上看，正方处于不利地位。对此，正方巧释题眼，别开新意，开场就提出"确保"并不是指"百分之一百地保证"，并通过例证说明，为己方论点开辟了广阔的活动舞台，牢牢把握了辩论场上的主动权，并最终获胜。

定义法是论辩中最常用的一种策略，在辩题对己方明显不利的情况下尤其适用。比如辩题"金钱万能"，正方明显处于被动地位。如果正方把"万能"理解成全称命题，几乎是无理可辩，无话可说。只能对"万能"做出符合于己方的巧妙的定义，并通过一些事例佐证，才能站稳脚跟，出奇制胜。

定义法是给辩题中某些关键字眼做出有利于自己利用事实、展开论点、争取观众的定义，从而先发制人，占据主动。

2.限制法

在一次大学生辩论会上，双方就"中学生异性交往利大于弊"展开了论辩。显然，这个辩题不利于反方。面对被动，反方在战略上对辩题进行了巧妙的限制，把原来的辩题改变成了"中学生异性交往任其发展必定弊大于利"。这样，就大大加固了己方的论辩基石，拓展了论辩领域。

限制法是指在形势对己方不利的情况下对辩题巧妙恰当地提出一些限制的技法。使用这种方法往往能够收到起死回生的效果。

运用限制法，关键在于其限制要恰当巧妙，既要在辩题限制后，使己方从原来的无话可说变成口若悬河，游刃有余，又要限制得天衣无缝，让人感觉没有篡改辩题之嫌。否则，留给对方把柄，必败无疑。

首尾统一，前后完整

首尾统一，前后完整，这是对辩论逻辑最基本的要求。只有首尾统一，前后完整，才有完整的说服力。

论辩必须充满严密的逻辑思路。在进行逻辑思维时，人们的思想前后必须保持同一。保持同一，是指在论辩中，论辩者的思想必须具有确定性和首尾一贯性。违反了这一规律就会犯偷换概念和偷换论题的错误。

有位小伙子来到咖啡厅，先要服务员小姐来一杯咖啡，过了一会儿他又叫服务小姐将咖啡换成了牛奶，他喝完牛奶之后，背起背包就要出门。服务小姐连忙提醒他："先生，你还没付账！"

"我付什么账？"

"你喝了牛奶，二元钱一杯啊！"

"牛奶是我用咖啡换来的啊！"

"咖啡是我们的啊！"

"可是咖啡我不是给你了嘛！我没喝。"

服务小姐无言以答。

很明显，用没付钱的咖啡换没付钱的牛奶，还是等于没付牛奶的钱。这位小伙子故意偷换没付钱的牛奶和付了钱的牛奶之间的不同含义，违反了同一律，属于诡辩。

古希腊著名的寓言家伊索，年轻时曾经给贵族当过奴隶。有一次，他的主人设宴请客，客人都是当时希腊的哲学家。主人命令伊索备办酒席，要做最好的菜招待客人。伊索专门收集各种动物的舌头，准备了一席"舌头宴"。

开席时，主人大吃一惊，问："这是怎么回事？"

伊索不慌不忙地回答道："您吩咐我为这些尊贵的客人备办最好的菜肴，而舌头是引领各种学问的关键，对于这些哲学家来说，'舌头宴'难道不是最好的菜肴吗？"

客人们都被伊索说得频频点头，哈哈大笑起来。

主人又向伊索吩咐道："那我明天要再办一次宴席，菜要最坏的。"

可到第二天开席时，上的菜依然全是舌头。主人一见此状，便大发雷霆。伊索镇定地回答道："难道一切坏事不是从口而出的吗？舌头既是最好的，也是最坏的东西啊！"

主人被伊索弄得无言以对。

从一个方面去考察，舌头的确是最好的；而从另一方面去考察，它又是最坏的，舌头正是"好"与"坏"的统一体。伊索正是把握了"舌头"这一事物的矛盾属性进行辩论，从而征服了对手，同时留给了人们以深刻的理性思考。

保持同一、首尾贯一是指在辩论中辩论者的思想观点必须具有确定性和首尾一贯性。我们要正确地认识客观事物，展开辩论，就必须遵守同一律。而辩论中思想的确定性、首尾一贯性正是同一律对辩论者的最基本的要求。

在辩论中，辩论者不仅需要抽象逻辑思维，同时还需要具体辩证思维。这是因为，客观世界是非常丰富和具体的，每一个具体的对象都包含着一定的差别和矛盾。要正确地认识把握客观事物，取得辩论的胜利，就必须把握事物的差别和矛盾。这样，在思维中包含着对立面的统一，包含着多样性的统一，包含着差异性的同一，这就是辩证逻辑学的具体同一律。将同一律具体运用于辩论之中，就是具体同一术。要想在辩论赛中立于不败之地，需要我们恰当地运用具体同一术。

有因有果，寻找联系

任何现象的产生都有一定的原因，任何原因都会产生一定的结果，因果联系是客观事物最普遍的必然联系，也是现象之间普遍联系的表现形式之一。"析因论果，寻找联系"就是通过找出某一现象的原因，以因果联系为根据得出结论的辩论方法。

在日常生活中，人们常常使用因果论证来表达看法和说服别人，因此，有因就有果，有果必有因，我们可以通过这个逻辑来找到事物之间的联系。

1.探因求异

一位生物学教授通过试验，发现蝙蝠具有以耳代目的活雷达特性，而另一位学者则持有不同意见，于是两人展开了辩论。

生物学教授："蝙蝠能在阴暗的岩洞里准确无误地飞行，这是为什么？"

学者："因为它的眼睛特别敏锐，能在微弱的光线下看清周围的障碍物。"

生物学教授："为什么蝙蝠能在黑夜穿过茂密的树林？"

学者："也许它有异常的夜视能力。"

生物学教授："当我们把它的双眼遮住，或让它失明，它仍能完全正常地飞行，这又是为什么？若去掉它双眼的蒙罩，将它的双耳遮住，它飞行时就会到处碰壁，这又该如何解释？"

学者无言以对，只好认输。

生物学教授考察了蒙住蝙蝠耳朵与不蒙住耳朵的不同情况：蒙住耳朵不能正常飞行，不蒙则可以正常飞行，这两个场合其他情况都相同，只有蒙住与不蒙住耳朵不同，因而得出结论：蝙蝠是以耳朵探测方向的。生物学教授由于正确地运用了探因求异法，所以得出了无可辩驳的结论。

这种方法和上面的探因求同基本相同，只是探求的结果是"异"而非"同"。所谓探因求异，是指在被考察现象出现和不出现的几种场合中，其他的情况均相同，只有一种情况不同，于是得出结论：这个不同的情况就是被考察现象的原因。

2.探因求同

18世纪俄国科学家罗蒙诺索夫在一次学术会议上，在为自己的观点辩护时，这样论证："我们搓擦冻僵了的双手，手便慢慢暖和起来；我们使劲敲击冰冷的石块，石块便能发出火光；我们用锤子不断地锤击铁块，铁块也可以热到发烫……由此可知：运动能够产生热。"

罗蒙诺索夫考察了搓擦双手、敲击石块、锤击铁块等发热情况出现的不同场合。这些场合其他的情况都不相同，而只有一种情况相同，就是运动，于是他得出结论：运动是发热的原因，运动可以产生热。

探因求同是根据被考察现象出现的几个场合，如果其他情况都不相同，而只有一个情况相同，于是得出结论，这个相同的情况就是被考察现象的原因。

3.从许多相同的事情中找出原因

有研究者考察某城市地面下沉的原因时，发现"抽取地下水少的地区，地面下沉得便少；抽取地下水多的，地面下沉得就多"。因此他得出结论"抽取地下水是地面下沉的原因"。这里使用的就是这一方法。

这个方法是指当某一种现象发生变化时，被研究的现象也随之发生变化，从而判断出该现象就是被研究现象的原因。

有因必有果，这是一种重要的辩论方法。这种方法对于某一事物来说，不仅可以使听众知其然，而且也可以使人知其所以然。

正确使用这一方法是辩论中逻辑关系运用的基础。

演绎推理，揭穿对手

演绎是指由一般性的前提推出个别性的结论的逻辑方法，这是一种由一般到个别的方法。由于前提中必然蕴涵结论，所以，只要前提是真的，其结论也必然是真的。作为一种由已知推出未知的推理过程，演绎对丰富辩论者的知识、增长辩论者的经验、加强辩论者的能力有很大的帮助。

在辩论中，正确地掌握和使用演绎推理方法，不仅有利于我们周密地进行论证，滴水不漏地表述自己的观点，不给对手以可乘之机，同时，使用这种方法可以及时抓住对手的把柄，揭穿对手诡辩的伎俩。所以，演绎推理也是出色的辩论者常常使用的逻辑方法之一。

有一位美国参议员对美国逻辑学家贝尔克里说："所有的共产党人都攻击我，你攻击我，所以，你是共产党人。"

贝尔克里当即予以反驳："这个推论实在妙极了，从逻辑上来看，它同下面的推论是一回事：所有的鹅都吃白菜，参议员先生吃白菜，所以参议员先生也是鹅。"

从逻辑学的角度来考察，贝尔克里反驳对方观点使用的是演绎法。

参议员辩论中使用的是逻辑上中项不周密的错误三段论形式，贝尔克里模仿这种推论形式，得出了"参议员先生也是鹅"的结论，对方自然难以接受。这样对方推论的荒谬性就暴露无遗了。

在演绎推理中，最常见的类型就是由两个直言判断组成大、小前提推出结论的"三段论"。由于三段论是一种必然性推理，也就是说其结论是从前提中推导出来的，因此，三段论是一种很有力的辩论方法。

我们知道，人们经常要对个别事物有所断定。而对个别事物的断定，最方便、最有效，同时也是最有说服力的方法，就是引用一般原理做根据进行论证，这种引用一般原理来论证个别事物的演绎方法就是三段论法。

意大利都灵大教堂内珍藏着一件圣物，据说这是耶稣遇难后包裹尸体的细亚麻布幅。600多年来，信徒们一直就其真伪问题争论不休。有一年，神学院的5名学员来到这里，他们看了这块裹尸布后，各自发表了自己的见解。

学员甲：我认为这件圣物是真的。如果是假的，它就不可能在600年内一直被教友所珍藏、敬奉。

学员乙：我也认为它是真的。耶稣钉死在十字架上，死的时候手腕与大腿流了许多血，现在我亲眼看到它上面有斑斑血迹，可见它是真的了。

学员丙：我认为它是假的。据专家考证，细亚麻布直到2世纪才出现，而耶稣遇难是在公元1世纪，由此可见，这块细亚麻布不可能是圣物。

学员丁：我无法肯定它是真是假，最好用"碳14同位素"测定一下它的年份，如果确实是公元1世纪的织品，那就可以肯定它是圣物。

学员戊：我同意乙的看法。另外再补充一点，最好能够用仪器测定一下它上面血迹的年份，若与耶稣遇难的年份相近，那就更有说服力了。

从论证的角度来分析，以上5位神学院学员的议论中，只有学员丙的论证方法是正确的，而其他人都是错误的。因为他们所使用的是条件推演方法，但学员甲的条件命题的前提就是假的，而学员乙、丁、戊使用的则是条件推演中的肯定后件的错误形式。

在辩论中，我们要达到反驳对方论证的目的，既可以直接指出对方推论的错误，也可以模仿对方的错误推论形式，推出令对方感到难堪的结论。这种方法也能有效地达到揭露谬误的目的。

顺水推舟，乘势反击

19世纪末，在英国国会的议堂中，曾经发生过一次名留青史的激烈论战。

当时，有名的政治人物格莱斯顿曾对另一位有名的政治人物狄斯累里，展开猛烈的攻击，揭发了足以毁灭对方的隐私内幕。

"狄斯累里先生，我对你平日的言行颇不以为然。先不提别的，根据可靠的消息说，你得了性病，可有这回事吗？"

格莱斯顿出言露骨，咄咄逼人。此话一出，震惊四座，所有的国会议员都屏住气息，四下顿时变得鸦雀无声、一片死寂。大家都想看看，狄斯累里面对此一严重的侮辱性攻击，到底如何答辩。每一个人都把视线集中在狄斯累里身上，引颈期盼着他的回答。

"你的话一点儿都不假，我是跟你的情妇睡觉才染上性病的。"

谁也没有料到，遭此奇耻大辱的狄斯累里，居然面无愠色、不慌不忙、轻轻松松地说了这么一句话。

话音刚落，整个议堂顿时爆出一阵笑声，震动屋宇，余音绕梁，久久不散。

狄斯累里顺势接招，然后乘势重重反戈一击，使格莱斯顿饮恨落败。

按照对方的思维模式往前推，或者以对方的核心论点为前提进行演绎推论，最后得出一个明显错误或荒谬的结论，这种方法叫顺水推舟法。

1982年秋，在美国洛杉矶举行了一次中美作家会议。

在一次宴会上，美国诗人艾伦·金斯伯格请中国作家蒋子龙解个怪谜："把一只5斤重的鸡装进一个只能装1斤水的瓶子里，您用什么办法把它拿出来？"

蒋子龙略加思索，便回答说："您怎么放进去的，我就怎么拿出来。您显然只凭嘴一说，就把鸡装进了瓶子，那么我就用语言这个工具再把鸡拿出来。"

金斯伯格说："你是第一个猜中这个谜语的人。"蒋子龙顺水推舟，把这个难解之谜给解开了。

在论辩中，可以运用此法化解对方犀利的话锋，先顺着对方的来势，再借力使力，反戈一击，让对方措手不及。

南北朝时，范缜曾著《神灭论》，认为形体和灵魂是一体的，形体存在则灵魂存在，形体毁灭则灵魂也随之毁灭。他说："神即形也，形即神也，形存则神存，形谢则神灭。形者神之质，神者形之用。是则形称其质，神言其用，形之与神，不得相异。神之于质，犹利之于刀；形之于用，犹刀之于利。利之名非刀也，刀之名非利也，然而舍利无刀，舍刀无利。未闻刀没而利存，岂容形亡而神在。"

这种论述一提出，朝野喧哗，信奉神佛的人纷纷起来非难范缜，可是却没有人能使范缜屈服。

太原王琰乃撰写文章嘲弄范缜："呜呼范子，曾不知其先祖神灵所在。"他想以此堵住范缜的嘴巴，让他俯首认输，不再反驳。

没想到范缜却马上回敬王琰，说："呜呼王子，知其祖先神灵所在，而不能杀身以从之。"

王琰嘲笑范缜"不知道"自己祖宗的神灵在哪里，范缜顺着他的话锋，认为既然你说我"不知道"自己祖宗的神灵在哪里，想必你一定知道自己祖先的神灵在哪里。至此范缜话锋一击，既然你知道祖灵之所在，为什么不干脆杀身到祖灵那儿去呢？范缜"顺手牵羊"，顺势而攻，然后发动致命的反戈一击，终于在这场论战中获胜。

识破矛盾，攻击对方

古时候有个穷秀才，住在两条河中间的一个地方。有一天，他请来风水先生，看看自己住的地方是否吉利。风水先生发现秀才家境贫寒，便说："这两条河把你家的风水都冲走了。"

后来，秀才中了状元。那位风水先生没等秀才邀请就主动上门说："状元郎，您住的地方像一座大桥，这两条河就像两个轿杆抬着您，能不中状元嘛！"

风水先生前后所言判若两人，真可谓"翻手为云，覆手为雨"。

这样的人在我们的生活中非常多。再看下面一例：

相传，有一个人特别喜欢抬杠，人称"杠铺老板"。这一天，他设擂台要和天下善辩的人士抬杠。

铁拐李奔上擂台："杠头，铁拐李和你比擂。"

杠铺老板一见，说道："原来是神仙到了，有何贵干？"

铁拐李答道："来和你抬杠！"

杠铺老板问："谁先开言？"

铁拐李道："你先说。"

杠铺老板问："大仙因何下临凡界？"

铁拐李答道："为拯救黎民百姓。"

杠铺老板又问："有何济世仙方？"

铁拐李答道："我葫芦里装的灵丹妙药能医治百病。"

杠铺老板听罢，又是一阵哈哈大笑："你说你葫芦里的灵丹妙药能医治百病，我看不尽然。"

"为何如此说？"铁拐李问道。

杠铺老板不慌不忙地说："既然能医治百病，为何不把你的瘸腿治好？"

铁拐李当时就无话可说，"杠铺老板"的确不是浪得虚名。

我们仔细分析一下"杠铺老板"的反驳就可以看出，在辩论中，辩论者的思维不仅要求具有确定性，而且要求有连贯性。也就是要求在辩论中，思想、论断必须首尾一致，前后一致。两个互相反对或互相矛盾的判断不可能同时为真，其中至少有一个是假的。

通过分析对方的辩论，抓住其中自相矛盾的地方，然后加以揭露，"以子之矛，攻子之盾"，从而暴露对方辩论的荒谬，使其不能得逞。

对一些错误的思想、观点，如果我们能及时抓住对方在概念、判断、推理中的某些悖论，借用原话，指出其不能自圆其说的逻辑矛盾，对方的论点就不攻自破了。

在辩论中，我们要善于在对方的言辞中捕捉逻辑矛盾予以反击，让对方陷入自相矛盾的境地。

巧设条件，取得胜利

巧设条件就是通过设定某种条件，然后对事物情况做出断定，以取得论辩胜利的方法。

设定条件是一种独辟蹊径的方法，主要是针对对方的一些模糊、荒诞、刁钻，甚至是愚蠢的问题而施展的。

在一次联欢晚会上，主持人问一位参与者："二加三在什么情况下不等于五？"参与者略加思忖，回答说："如果一加二不等于三，那么二加三不等于五。"主持人肯定了这个巧妙的答案，全场爆发出热烈的掌声。

巧设条件是一种强有力的雄辩绝招，要灵活自如地运用它，就必须善于把握事物之间的必然条件联系，并且根据这种条件联系、巧妙地设定条件。要做到这一点，就必须具备聪明的才智和临场应变能力。

在生活中，很多人利用此法来进行诡辩或为人设立圈套，让人左右为难，对此要擦亮眼睛，认真识别其诡计。

找准关系，逻辑推理

客观事物之间总是存在着一定的关系，我们要认识客观事物，辩论取胜，就必须准确把握客观事物之间的关系。关系论证法就是通过准确把握客观事物之间的关系来进行辩论的方法。

美国著名作家马克·吐温，有一次在酒会上答记者问时说："美国国会中的有些议员是婊子养的。"这句话虽然有些粗俗，但却表达了作家对某些卑鄙无耻的政客的义愤之情。但是，此话一出，华盛顿的议员们就纷纷要求马克·吐温公开道歉，否则就要将作家告上法庭。为了不受刑罚之苦，马克·吐温不仅当面对

某些议员发表了"道歉讲话",而且还在《纽约时报》上发表了与道歉讲话内容一致的"道歉声明":

日前鄙人在酒席上发言,说"美国国会中有些议员是婊子养的"。事后有人向我兴师问罪。我考虑再三,觉得此话不恰当,而且也不符合事实。故特此登报声明,把我的话修改如下:"美国国会中有些议员不是婊子养的。"

这里,马克·吐温承认"美国国会中有些议员是婊子养的"是"错"的,这是以"美国国会中有些议员不是婊子养的"为前提的。马克·吐温就是利用了事物之间的关系。

在这种方法中,根据事物之间的关系是否具有对称性,可以将其分为对称、非对称、反对称三种情况。要辩论取胜,就必须善于把握事物之间的这些不同的关系,然后巧妙论证。

北宋时,皇帝的两位亲戚因分财产不匀轮番跑到朝廷里告状,皇帝也不知如何是好,于是,就将这件案子交给了丞相张齐贤处理。

张齐贤了解了案情之后,就把告状的人都找来,问道:"你们都认为对方的财产分得多,自己分得少,是吗?"

"是!"双方齐声回答。

张齐贤把他们的意思都记录下来,让他们签名画押。然后说:"既然你们都说对方的财产分得多,现在把你们的财产交换一下,双方都应感到满足了吧!"

于是他召来两名官员,分别将甲家的人带到乙家去,把乙家的人带到甲家去,人换地方而一切财产都不移动,分财产的文书则相互交换。

这样一来,双方均无话可说。

张齐贤处理这件案子的诀窍就在于正确地把握了"少于"这种关系。从逻辑上分析,"少于"是一种反对称关系,甲少于乙,则乙必定不会少于甲。双方都认为自己分得的财产少于对方，把双方的财产交换一下，双方都得到了自认为多的那份，自然就不会有什么话说了。

布设两难，进退不能

两难法，是指穷尽所有可能（通常是两种可能），令对手无论承认哪一种可能都必然失败的论辩方法。运用两难法，常常令对手进退不得。两难法在日常论辩实践中使用的频率很高，但很多人在运用此法时没有达到自觉的程度，故而不严密、不规范，易遭反驳。正确地运用这种方法要尽可能多地把握介入论辩中的各种信息以及对方较为全面的思想观点，凭借高强快速的综合能力，抓住要害布置好严密的埋伏圈。

《战国策·秦策》中，有一则庸芮营救魏丑夫的故事。秦国宣太后非常喜爱魏丑夫，太后患了重病，临死前下令："我死了以后，魏丑夫必须为我殉葬！"

魏丑夫知道后非常恐慌，就求庸芮救他。庸芮于是对太后说："死者有知乎？"太后曰："无知也！"庸芮又说："若以太后神灵，明知死者之无知，为什么白白地将自己生前所热爱的人用来为没有知觉的死人陪葬呢？如果死者真有知觉，那先王一定已经长期积怨在心了，太后连补救过失的时间都不够，哪里还有闲暇去私爱魏丑夫呢？"太后听了，左右为难，只好收回前令，魏丑夫方免一死。

庸芮对太后说的这番话，就是一个典型的两难推理：

如果死者无知，那么为什么白白地将自己生前所爱的人用来给死人陪葬呢？故不应让魏丑夫陪葬；如果死者有知，太后照顾先王还来不及，哪有功夫去私爱魏丑夫呢？也不应让魏丑夫陪葬。因此太后死后或有知，或无知，都不应让魏丑夫陪葬。

"二难推理"是一种极为有力的辩论工具，善于使用的人可以使对方逃不出他的结论而陷入两难境地。古今中外，辩论大师们都极善于使用"二难术"，生活中也随处可见用"二难推理"令对方进退维谷的生动例子。

相传，文成公主既聪明又美丽，熟读经、史、诗、文，通晓古卜，是一个极有见识的女子，当时有许多人向她求婚。

对众多的求婚者，文成公主提出了一个条件：谁能提出一个难倒她的问题，她就嫁给谁。众多的求婚者都提出了许许多多稀奇古怪的问题，但文成公主对此均能对答如流，使他们高兴而来，败兴而归。

松赞干布知道后，思考了好几天，决定用"二难术"逼其就范。

于是松赞干布去见文成公主，他坦然恳切地对文成公主说："请问公主，为了使您成为我的妻子，我应提什么问题才能难倒您？"

聪慧的文成公主听后，什么话也没有说，就应下了婚事。

文成公主之所以没说话就答应了婚事，是因为松赞干布的问话里已经设下了"陷阱"，不论她怎样回答，都将陷入两难的境地。

如果公主能告诉松赞干布一个可以难倒她的问题，那么，松赞干布就可以用这个问题难倒文成公主，使文成公主成为松赞干布的妻子。

如果公主不能告诉松赞干布那个可以难倒她的问题，那么，松赞干布的这个问题就难倒了公主，文成公主就得成为松赞干布的妻子。

不管公主能不能告诉松赞干布，文成公主都要成为松赞干布的妻子。

松赞干布的妙问，使文成公主左右为难，无法躲避，只得以身相许。

二难引申法通常是将对方的二难法中两个条件命题后件的位置互换，然后分别予以否定。

有一位旅客住进某旅馆，旅馆的设施看上去还可以。但是，当天夜里突然下了一场大雨，旅客发现卫生间漏水特别厉害，无法进去使用。于是，客人便打电话给经理，要求派人来维修。经理在电话中答道："对不起，先生。现在天下雨，我们无法修理；天晴后，就又不需要修理了。天气不是下雨就是天晴，所以不是无法修理，就是不需要修理。"

而那位旅客当即针锋相对地反驳道："经理先生，你说得不对。现在天下雨，就有修理的必要，如果天晴，就有修理的可能。天气或者是下雨或者是天晴，所以或者是有修理的必要，或者是有修理的可能。"

这位聪明的旅客将经理两难推论中两个条件命题后件的位置互换了一下，并分别予以否定，这样就得出了与经理截然相反的结论，有力地驳斥了经理的谬论。

清代大学者纪晓岚自幼勤奋好学，当他还是个孩子的时候，就经常跑到书摊上去看书。掌柜见他光看不买，就不耐烦了，对他说："小孩子，我们是靠卖书吃饭的，要看，就买回去看好了。"

纪晓岚说："买书就得先看，不看，怎么知道哪本书好？"

"你看了多少书，难道就没有一本好的？"

"你这书摊上好书倒是不少，不过我看完后就能背了，还买它何用？"

掌柜想他是在瞎说，于是随手拿起一本纪晓岚刚看过的书说道："要是你当着我的面把这本书背下来，我就把它白送你；要是背不下来，就永远别再来白看我的书了！"

"好，一言为定！"纪晓岚当即把两只小手一背，仰头望天，果然把那本书背下来。

掌柜大吃一惊,赞叹这孩子他日必成大器,就把这本书送给了纪晓岚。

纪晓岚在与掌柜的辩论中,列举"看书"与"不看书"这两种情况,看书,看过就背下了所以不买;不看,不知道书好不好也不买,总之就是不买。这充分显示了作为一个孩子的纪晓岚的辩才。这里使用的方法就是二难制敌法。

要想用二难制敌术制伏对方,就必须注意各路设卡,使对方无论做出何种选择都感到为难,这样才能使对方无法逃遁,束手待擒。

从前,有个县官非常可恶,凡来县衙打官司的百姓如果不给钱,就会被他打得死去活来。当地有个艺人编了出戏,叫《没钱就要命》。演出那天,县官也去了看戏,一看演的是他自己,当时就火了,没等戏演完,就回到县衙,命令衙役把这个艺人传来审问。那个艺人听说县官传他,就穿了龙袍,大摇大摆地跟着去了。县官一见艺人带到,便把惊堂木一拍,喝道:"大胆刁民,见了本官为何不跪?"

艺人指了指身上的龙袍说:"我是皇帝,怎能给你下跪?"

"你在演戏,分明是假的!"

"既然你知道演戏是假的,为什么还要把我传来审问?"

这位艺人在与县官的辩论中使用的就是二难制敌。他列举了"演戏是真的"与"演戏是假的"两种情况。如果是真的,则不能下跪;如果是假的,则不能审问他。弄得那个县官左右为难。

从前有个皇帝向全国宣布说:"如果有人能说出一件十分荒唐的事,使我说出这是谎话,那我就把我的一半江山分给他。"人们闻讯,纷纷来到王宫,说了各种弥天大谎,结果都被皇帝一一驳回。这天,一个农民挟着一个斗,来到皇帝眼前,说:"万岁欠我一斗金子,我是来拿金子的。"皇帝很恼怒,说:"一斗金子?我什么时候欠的?撒谎!"农民不慌不忙地说:"既然是谎话，那就给我一半江山吧！"皇帝急忙改口说："不！不！这不是谎话。"农民笑着说："那就给我一斗金子吧！"

这个农民巧用两难，各路设卡，皇帝说是谎话或不是谎话，进退两难。

两难制敌术是一种神奇的雄辩绝招，有些诡辩者往往用错误的两难来发难，对此要巧妙破解。

正确地运用两难法要注意：前提中条件命题必须真实；析取命题必须将某个方面的情况列举完全；必须遵守条件命题、析取命题的有关推演规则。

二难推理，四种形式

1.简单构成的二难推理

所谓"简单"，是因为这一推理的结论是一个简单判断（直言判断）；所谓"构成"，是因为在推理过程中运用了充分条件假言推理的肯定前件式，由肯定两个假言前提的前件而到肯定它们的后件。

古希腊有个国王，想把一批囚徒处死。

当时流行的处死方法有两种：一种是砍头，一种是处绞刑。怎样处死这批囚徒？他决定让囚徒自己去挑选一种。挑选的方法是这样的：囚徒可以任意说出一句话来，而且这句话是马上可以验证其真假的。如果囚徒说的是真话，就处绞刑；如果说的是假话，就砍头。结果，囚徒或者因为说了真话而被绞死，或者因为说了假话而被砍头，或者是说了一句不能马上验证其真假的话，而被视为说假话砍了头，或者是因为讲不出话来而被当成说真话处以绞刑。

在这批囚徒中，有一位是极其聪明的。当轮到他来选择处死方法时,他说出了一句巧妙的话,结果使得国王既不能将他绞死,又不能将他砍头,只得把他放了。

这个聪明的囚徒说:"要对我砍头。"

这句话使得国王左右为难。如果真的把他砍头,那么他说的就是真话,而说真话是应该被绞死的。但如果把他处以绞刑,那么他说的"要对我砍头"便成了假话了,而假话又是应该被砍头的。或者绞死,或者砍头,都没有办法执行国王原来的决定,结果只得把他放了。

从推理形式看,这个囚徒是在国王面前构造了一个"简单构成式"二难推理:如果把他砍头,那么,会违背国王原来的决定;如果把他绞死,那么,也会违背国王原来的决定;或者把他砍头,或者把他绞死;总之,都要违背国王原来的决定。

2.简单破坏式的二难推理

所谓"破坏",是因为在推理过程中运用了充分条件假言推理的否定后件式,由否定两个假言前提的两个后件而到否定它们的共同前件。

在一次外交场合,前苏联霸权主义者曾说:"中国反对缓和世界局势。"周恩来总理驳斥道:"你那么想缓和世界局势,为什么不做一两件事情,比如从捷克斯洛伐克或者蒙古撤退军队,归还日本北方四岛,来证明你的诚意呢?"

周恩来总理的驳斥,雄辩地做了这样的推论:如果苏联霸权主义者真想缓和世界局势,那么就应该从捷克斯洛伐克或蒙古撤军;如果苏联霸权主义者真想缓和世界局势,那么就应该归还日本北方四岛;既然苏联霸权主义者不肯从捷克斯洛伐克或蒙古撤军,也不肯归还日本北方四岛,可见苏联霸权主义者不是真的想缓和世界局势,而是在制造世界紧张局势。

3.复杂构成的二难推理

所谓"复杂",是与前面讲的"简单"相对而言的,指的是这一推论的结论是一个复合判断（选言判断）。其特点是：选言前提的两个选言肢分别肯定两个假言前提的不同前件，结论的两个选言肢分别肯定两个假言前提的不同条件。

一次，赵飞燕在汉成帝面前告班婕妤的状，诬陷她曾向鬼神诅咒过成帝。成帝听后大怒，遂传讯班婕妤，眼看她就要大祸临头了。但聪明伶俐的班婕妤没有惊惶失措。传讯中，班婕妤从容地回答说："妾闻'死生有命，富贵在天'，修善尚且不能得福，做坏事还能得到什么呢？假使鬼神有知，它们就不会接受坏人的诉说；假使鬼神无知，向它们诅咒又有什么好处呢？因此，我是不会那样做的。"

成帝闻听，甚感言之成理，遂命班婕妤退处后宫。

班婕妤靠着她的如簧之舌，使一场凭空飞来的横祸，化险为夷。在她巧妙的回答里，她首先没有正面回答自己有没有向鬼神诅咒，而是把成帝一方的注意力引向另一个有利于她自己的话题——"鬼神天命"。

如果鬼神有知，它们不会接受坏人的诉说；

如果鬼神无知，向它们诅咒没有什么用处；

或者鬼神有知，或者鬼神无知；

总之，或者不会接受诅咒，或者诅咒无用。

通过这个二难推理说明，无论鬼神为哪种情况，诅咒成帝都对自己没有好处，从而雄辩地证明自己没有向神明诅咒过，非常有利地向成帝澄清了是非。

4.复杂破坏的二难推理

复杂破坏式的特点是：选言前提的两个选言肢分别否定两个假言前提的不同后件，结论的两个选言肢分别否定两个假定前提的不同前件。

隋文帝杨坚不相信墓地风水之类的鬼话，他用自己家庭的具体事实来证明风水不可信。他是这样论证的："我家墓地，若云

不吉,我不当贵为天子;若云吉,我弟不当战死。"整理成逻辑推理形式则是:

如果说我家墓地不吉利,那么,我就不会当皇帝;

如果说我家墓地吉利,那么我弟弟就不会死在战场上;

现在我当了皇帝,而我的弟弟却死在战场上,可见,我家的墓地谈不上吉利,也谈不上不吉利。

"二难术"是极有力量的辩论工具,善用的人可以使对方逃不出他的结论而陷入两难境地,无论古今中外,雄辩大师们都极善于使用"二难术",生活中也随处可见用"二难术"令对方进退维谷的生动例子。

以虚克实,出奇制胜

论辩时运用以"虚"克"实",以"实"制"虚"法,可以左右逢源,主动灵活。

在莎士比亚《威尼斯商人》一剧中,描述了鲍西娅巧用计谋战胜夏洛克的故事。

安东尼奥借了夏洛克3000金币,夏洛克为了报复安东尼奥,提出条件:如果到期还不上,就从安东尼奥身上割下一磅肉,狠毒的夏洛克还要安东尼奥立下借据为凭。借期到了,安东尼奥无力偿还夏洛克的钱,夏洛克执意要从安东尼奥身上割下一磅肉来,并告到法院。

这时,鲍西娅扮成律师为安东尼奥辩护,她对夏洛克说:"你得请一位外科大夫,免得他流血过多,送了命。"夏洛克非置安东尼奥于死地不可。他说:"借据上没有这一条。"鲍西娅说:"这借约上写的是给你一磅肉,可没有给你一滴血,这说明割一磅肉时不能出一滴血。另外,割的肉,不能多于一磅,不能少于一磅，否则都是违反契约的，那将受到法律的制裁。"夏洛克左右为难，只得作罢。

这里鲍西娅运用了以虚克实的方法制伏了论敌。"一磅肉"是一个很实在的概念，割肉时如果不多不少，不出血地正好割下一磅那是不可能的，无论如何都会出现意外，而这"意外"是虚的，而这虚的总会存在。以虚克实使夏洛克陷入了进退不能的境地。

以虚克实是虚实相克法的一种，除此以外，还有以实克虚、以虚克虚。

以实克虚法是指当论敌运用一些虚幻的、无法验证的论题来为难我们时，我们反其道而行之，以一些具体的、实在的论题回敬之，从而取得论辩的主动权。

从前，有位财主召来在他家打长工的刘伯要他回答一问题，看天地之间有多长距离？如果答不出来就扣发一年的工钱。

刘伯百思不得其解，回到家中，小儿子知道了此事，第二天来到财主家。当财主问起这个问题时，小儿子说："天地之间相距1234567公里，一点不多，一点不少。"

"你是怎么知道？可靠吗？"财主问刘伯的小儿子。

"请大人自己去量量，如果不对，我爹甘愿受罚。"刘伯的小儿子得意地说。

财主出的难题是一个不存在的虚假的数，刘伯的小儿子聪明机灵，报一个实数，并要财主自己去验证，这着实给财主将了一军。这样也就有效地回答了财主的难题。

生活中，有些人故意刁难别人，凭空虚构一个虚假的命题，让人左右为难。对此，我们也如法炮制，虚构出相应的"虚"与之对抗。

阿凡提开了个小染坊，巴依很想刁难他一下。这天，巴依来染布，对阿凡提说："阿凡提，我染的颜色普通极了，它不是红的，不是蓝的，不是黑的，也不是白的，不是绿的，不是黄的，也不是青的，你明白了吗？"

阿凡提说："我明白了，我一定照办。"

"那么，我哪一天来取咧？"

"你就到那一天来吧！不是星期一，也不是星期二，也不是星期三和星期四，也不是星期五和星期六，更不是星期日。巴依，你知道了吗？"

巴依哑口无言。

巴依染布否定了所有的颜色，是一个"虚"概念；阿凡提以牙还牙，排除来取染布的任何一天，也是一个"虚"概念，以虚制虚，令巴依无言以答。

虚而显实，弱而示强

虚张声势是指故意假装出强大的声势来吓唬人的一种策略。《百战奇法·虚战》云："凡与敌战，若我势虚，为伪示以实形，使敌莫能测其虚实所在，必不敢轻与我战，则我可以全师保军。"所以，虚张声势也是在面临危机时的一种应变术。

当年，刘邦为夺关中，9月领兵抵达峣关（陕西兰阳东南）。峣关为兰阳与关中的交通要隘，易守难攻，为抢夺咸阳的东南大门，是兵家必争之地。因此，秦军派有十分精锐的兵力把守。而刘邦当时手下只有2万人马，如不顺利地拿下此关，项羽就有抢先夺去关中的可能。刘邦心急如焚，想强行攻取。

张良经过调查，认为秦兵势强，如果妄动，不仅会消耗自己的实力，而且还会拖延入关时间。于是，张良向刘邦提出智取之策：一方面虚张声势，在峣关四周山上多张旗号，以迷惑守关秦军，扰乱敌心；另一方面针对守关秦将喜好小利的特点，派人携重金贿赂守关将领。

果然，峣关守将见刘邦军兵声势浩大，甚是惶惧；同时又贪恋钱财，终于倒戈。刘邦引兵过关，向西挺进，兵叩咸阳。

唐太宗李世民在少年时，也曾用虚张声势之计，吓退敌军。

大业年间，隋炀帝率军与突厥作战失利，被困于雁门关外。炀帝命人将诏书系在木块上，投入汾水中，向下游郡县告急，命他们募兵援救他。当时李世民在将军云定兴帐前供职。李世民了解到前方的敌情之后，对云定兴说："敌人胆敢围困天子，是因为他们料定我主力无法及时增援。因此，如今我们如果将兵力分散，拉开数十里的行列，白天要让敌人看得见旌旗，夜晚要让敌人听得见更鼓声，敌军不知虚实，一定会以为大批援兵迫近，这样，就可以不战自退。"云定兴听从了李世民的意见，依计而行。突厥的侦察哨远远地看见隋朝大军浩浩荡荡，连绵不绝，立刻飞报可汗。突厥可汗果然中计，连忙撤去了包围隋炀帝的军兵。李世民初入军旅，便献此虚张声势之计，兵不血刃，吓退敌军，解除了隋炀帝的危急，由此，他也获得了极高的声誉。

虚张声势在于虚而显实，弱而示强。这也经常被用在辩论中，是战胜对手的一个有力的武器。

诱惑对方，肯定自己

因势利导才能水到渠成。诱导对方否定自己，才是对自己的肯定。

在《庄暴见孟子》中有一段这样的精彩论辩：

孟子进见齐宣王，问："你曾经告诉庄暴说您爱好音乐，有这么回事吗？"

齐宣王有些不好意思，只得据实而说："我并不是爱好古代音乐，只是爱好一般的流行音乐罢了。"

"只要您非常爱好音乐，那齐国便会很不错了。无论您爱的是现在的流行音乐，还是古代的音乐都是一样的。"

齐宣王说："这个道理可以说给我听听吗？"

孟子说："一个人单独地欣赏音乐的快乐，跟大家一起欣赏音乐的快乐，究竟哪一个快乐呢？"

齐宣王说："当然跟大家一起欣赏更快乐。"

孟子说："跟少数人欣赏音乐的快乐，跟多数人欣赏音乐的快乐，究竟哪一种更快乐呢？"

齐宣王说："当然是跟多数人一起欣赏更快乐。"

孟子立即接着说："那么，就让我和你谈谈欣赏音乐和娱乐的道理吧！假使国王在这儿奏乐，老百姓听到鸣钟击鼓、吹箫奏笛的声音，却感到头痛，愁眉苦脸地议论纷纷，我们的国王这样爱好音乐，为什么我们苦到这般地步呢？这没有其他原因，就是因为国王只图个人的快乐而不和百姓一起快乐的缘故；假使国王在这儿奏乐，老百姓听到了鸣钟击鼓、吹箫奏笛的声音，全都眉开眼笑地互相告诉：我们的国王大概很健康吧！要不怎么够奏乐呢？……这没有别的原因，只是因为国王和百姓一同娱乐罢了，如果国王能和百姓一同娱乐，就可以使天下归服了。"

孟子在这段论辩中就用了因势利导的辩术，当他听说国王喜爱音乐时，就从此下手，用一个个问句，一步一步疏导，最后得出结论：如果国王能和百姓一同娱乐，就可以使天下归服了。从而达到了说服齐宣王与民同乐的目的。

"因势利导"出自《史记·孙子吴起列传》，原文是"善战者因其势而利导之"。和领兵作战一样，在辩论中因势利导的辩术同样有着很大的作用。"势"就是对方思想发展的趋势，"势"是导的条件，只有找到"势"才能进行"导"。"导"则是疏导，就是在辩论中顺着对方思维发展的趋势，由浅入深提出一系列问题，逐渐否定对方的观点，最后得出正确的结论。

一个领导走进办公室时，看到几个人正在为昨夜的女排比赛议论纷纷。面对这一意外情况，这位领导没有命令大家停止议论，而是兴致勃勃地加入了讨论，谈起了自己的感想，二三分钟后，大家静下心来听他讲时，他却巧妙地将话锋一转："中国女排的胜利为中国人争得了荣誉，它证明了中国人的伟大，但是中国在科学技术、经济建设上还很落后，被人瞧不起，我们也要有女排这种拼搏精神，把我们的科学技术、经济建设搞上去……"这位领导运用的就是"因势利导"的语言艺术。

他及时地"借"了员工们强烈的爱国热情之"势"，恰到好处地加以点拨指引，顺势将大家的热情引导到工作上，不仅很快恢复了办公秩序，还借此"东风"激励员工们努力工作，起到了很好的效果。如果这位领导运用命令式的语言表达形式，虽然也可达到停止议论的目的，但他无法使大家的思维从"女排比赛"中走出来。当人的思维朝着一定的方向进行，特别是当人处于亢奋状态时，命令式的语言、强迫的手段效果都不好。因此，碰到上述此类突发事件时，只有借其势，用巧妙的语言形式自然地加以引导，才能达到扭转局势的目的。

旁敲侧击，逆势顺取

齐鲁两国都是周朝初期分封的千乘大国，作为邻国，原本世代友好，但到了东周和春秋时期，鲁国逐渐衰弱，齐国逐渐强盛；两国的关系，也变得时好时坏，时而结盟，时而发生战争。

公元前634年夏天，齐孝公亲率战车二百乘，士卒万余人，向齐鲁边境进发，准备攻打鲁国。

齐孝公为什么要攻打鲁国呢？原来，当时齐桓公已死9年，齐孝公一直想继续桓公的霸业，继续号令诸侯，称雄中原。无奈他既没有桓公的魄力和才能，也没有管仲那样的贤臣辅佐，齐国的国力已不如以前，因而诸侯离心，号令不灵。齐孝公想以征伐来重振国威，但是凭现在齐国的军力，已不能远征其他强国，只有攻打近邻弱国，才有取胜的把握。恰好这时鲁国发生饥荒，齐孝公就做出了伐鲁的决定。

鲁僖公得到齐军要来攻打的消息，不敢派兵迎战，却派了大夫展喜带着酒肉粮帛去慰劳齐军。名为劳军，实际上是叫展喜说服齐孝公退兵。展喜感到很难办，就去请教自己的哥哥展禽。展禽，又叫柳下惠，就是历史上那位"坐怀不乱"的有名君子，头脑敏锐，富有谋略，而且善于辞令。他向弟弟面授机宜："齐孝公之所以要伐鲁国，目的在于继承齐桓公的霸业。而齐桓公之所以能够称霸诸侯，不仅依靠武力征服，更重要的是一向以'尊王'，即尊重周王室为号召。所以，你如果以周朝先王之命去说服齐孝公，定能成功。"

展喜领教后，立刻驱车向边境赶去。当赶到边境时，恰好齐军簇拥着齐孝公也刚到达。趁着齐军尚未进入鲁境，展喜迅速出境迎了上去。他向齐孝公施礼后，先命随从把犒劳齐军的物品抬上去，然后对齐孝公说："我国国君听说您在百忙中亲自前来，将要屈尊驾临我国，特地派我前来犒劳您的随行人员。"

齐孝公问道："你们鲁国人是不是害怕了？"展喜回答："那些没有见识的人的确是害怕了，但是有识之士则不怕。"

齐孝公哼了一声："不怕？鲁国赤地千里，田里连根青草也没有，老百姓家无隔夜之粮，你们凭什么不怕？"展喜把两手一拱，尊敬从容地答道："我们依仗的是周朝先王的命令。"

"什么？"齐孝公有点摸不着头绪："先王的命令和你怕不怕有什么关系？"

展喜继续讲下去："从前，周公和姜太公协助周武王灭商，后来又共同辅佐周成王，功勋卓著。太公被封为齐侯，周公的长子被封为鲁侯。成王慰劳他们，特赐齐鲁两国结盟。盟约中写道：'世世代代，子子孙孙都不要互相侵害。'这个盟约至今还保存在盟府里，由太史掌管着。"

听到这里，齐孝公脸上绷紧的肌肉放松了些，却又多了一点尴尬的神情。

"后来，齐桓公——"展喜两手又拱了一下，表示敬重齐桓公："与诸侯结盟，帮助他们解决彼此的分歧，弥合他们之间的裂痕，从而将他们从战争的灾难中拯救出来。齐桓公这样做，表明他正在履行太公开始的辅佐周王室的固有职责。"

听着，听着，齐孝公脸上的肌肉不知不觉已全部放松下来。

"到您——"展喜又拱了一次手，这次是表示向齐孝公致敬："即位之后，诸侯都满怀希望说：'他一定能继承桓公的业绩，和各国亲睦相处。'我们鲁国人也认为用不着聚集军队来防守东面的边境。"

展喜悄悄觑了齐孝公一眼，只见他脸上现出了一丝笑意，于是，继续说道："对于您这次驾临，鲁国并不认为是来攻打我国，大家都说：难道他即位刚刚9年，就会抛弃周朝先生的遗命？就会废弃诸侯固有的职责？如果这样，怎么对得起齐国的先君太公和桓公呢？我和鲁国其他人一样，认为您一定不会这样做的。我国的有识之士正是依仗这一点而不感到害怕。"

这时，齐孝公的笑容中，似乎又有些难为情，他沉默了片刻，然后高兴地向展喜说道："大夫言之有理。"接着，他吩咐左右收了展喜带来的犒劳物品，命令齐军离开齐鲁边境，回归齐国都城临淄。

展喜的话是借回答齐侯提出的"凭什么不害怕"展开的。他没有从正义与非正义的角度去阐述，因为这对齐侯来说不容易接受。他特地从先王之命说起，从历史上两国先君共同辅佐王室，两代先君联合互助，说明都是在实践周天子所赐的"世世子孙，不相侵害"的盟约。接着，讲到对方本人，若把王命与盟约丢到脑后，何以面对先君及老兄弟！这样，展喜所说不害怕的原因，处处在宣传历代君王的团结互助和对先君的忠诚，句句包含了对齐侯继往开来、不会背弃先君之命的信赖与愿望。

这种不畏强暴、渴求和平团结的凛然正气和世代相承的传统心理，不能不使齐侯忽然预感到对背弃先君之命，"冒天下之大不韪"的一种恐惧；再加上展喜运用了以柔制刚的语言艺术，早就给他留下了后退的台阶。所以，在权衡利弊得失之后，他只好哑然而退。

旁敲侧击，在论辩中是指在正面攻击难以收效的情况下，而采取的侧面攻击法。从旁边敲打，从侧面攻击，既要讲清道理，给对方点拨和震撼，又要给对手留有脸面，避免直接的激烈冲撞，使对方在无可奈何之下，最终同意己方观点。

层层递进，攻击对手

层层递进，形如剥笋，由表及里由浅入深，可步步进逼，最终破的。这是人们经常用到的一种逻辑方法。

战国时期，齐威王有个怪癖——长夜喝酒放歌。每当夜幕降临，星月争辉的时候，他都喝得酩酊大醉。这样混混沌沌地过日子，朝政一片昏乱。淳于髡总想找个机会，劝说国王彻底转过弯来。

这天，齐威王大摆宴席，席间邀淳于髡陪酒，淳于髡认为机会来了。

席间，齐威王端起酒杯问他："先生能喝多少酒才醉？"

淳于髡说："臣喝一斗也醉，喝一石也醉。"

齐威王不解地问:"喝一斗就醉的酒量,怎能喝上一石?"

淳于髡说:"您在前面赐我佳肴美酒,却命法官紧紧盯住我。我哆哆嗦嗦地在那里趴着喝酒,顶多喝一斗就成烂泥了。可是如果碰上尊敬的客人,我捋起袖子,笑吟吟地给客人敬酒,我能喝上它二斗;如果老友重逢,话题如丝,我能喝五六斗;如果乡里乡亲地聚集在一席,男女倾谈,喝酒行令,我即使喝上八斗,可能也不过醉个二三分,如果喝到傍晚,酒快喝光了,大家又把剩余的酒聚到一起,助兴让我喝,我那时就会喝得酩酊大醉,也就会失礼了——搞得杯盘狼藉,语言混乱,甚至男女互相踩着对方的脚,这就叫作酒极生乱,乐极生悲啊……而世间的万事万物,也都是一样的道理啊!"

淳于髡从小到大,由物及人,层层比喻,步步进逼,最终破的,使齐威王很受教益。

在说辩中,由于对方思维的复杂性,对某一事物不理解,想不通,往往疑虑重重,非一点即通,而需层层递进,穷追不舍,把理说透。说辩艺术中的这种循循善诱、丝丝入扣的方法,也就是递进的方法。

使用层层递进法应根据论辩的需要而定:若开门见山难以奏效,可考虑采用此法;若单刀直入可以取胜,就不必使用此术,免得绕来绕去,使人半天不得要领。

层层递进作为论辩技巧是指论辩要有层次性。不管论或辩、攻或防,都要像剥竹笋一样,一层又一层,由浅入深,由表及里,层层递进,步步深入。

孟子在批评齐宣王不会治国时,有这么一段对话:

孟子说:"假如你有一个臣子把妻子、儿子托付给朋友照顾,自己到楚国去了。等他回来时,他的妻子、儿女却在挨饿、受冻,对这样的朋友该怎么办呢?"

王答:"和他绝交!"

孟子说:"假若管刑罚的长官不能管理他的部下,那该怎么办?"

王答:"撤掉他!"

孟子又问:"假如一个国家政治搞得不好,那又该怎么办呢?"

王这时只好"顾左右而言他"了。

对国王进谏,直来直去效果不会太好,孟子由小至大、由远至近、由轻至重,逐渐触及论题本质,结果使得齐王无言以对,只好岔开话题。

层层递进必须准确掌握对方心理,主动出击,从对方比较容易接受的观点着手,因势利导,层层深入展开论辩。

在隋朝侯白的《启颜录》中有个"官学狗叫"的故事。

侯白在没有做官前,住在家乡,无甚名声,但锋芒已初露。当地的地方官刚到任时,侯白便去拜见。回来后他对几个朋友说:"我能让新来的官学狗叫。"朋友说:"哪有官老爷听别人的摆布学狗叫的?你若真能做到,我们请你喝酒;若不能,你就请客。"侯白答应了。

于是,他们一起到衙门去,侯白进去见官,朋友们在门外看着。官说:"你又来见我,有什么事吗?"

侯白答道:"您刚到此地,民间有些事情,要向您请示。您到任之前,此地盗贼甚多,我建议您下令让百姓各家养狗,让它们见了生人就惊叫,这样盗贼自然便会平息。"

官问道:"如果这样的话,我家也须养条能叫的狗,但到哪里去弄狗呢?"

侯白回答说:"我家倒有一群新养的狗,不过它们叫的声音与别的狗不同。"

官问道:"它们叫出什么声音来?"

侯白答道:"它们'呜呜'地叫。"

官说:"你不懂狗,好狗应当'汪汪'地叫,'呜呜'叫的,都不是善叫之狗。"

侯白的朋友们在门外听了,皆掩口而笑。侯白看到自己已经赢得了一桌酒席,便对官说:"我知道了,以后我一定要出去寻访善叫的狗。"说完便向官告辞。

在使用层层递进法时,要注意"层层",即一定要循序渐进,不要省去中间环节,不要跳跃式递进。其次,还要注意"递进",所谈之事,虽可谓漫无边际,但要由小到大,由浅入深,始终向实质性问题这个方向靠近,不可偏离。

使用层层递进法应根据论辩的需要而定:若开门见山难以奏效,可考虑采用此法;若单刀直入可以取胜,就不必使用此术,免得绕来绕去,使人半天不得要领。

辩论双方立论,都有它的核心支柱,向对方进攻时,不能只伤皮毛,而应层层深入,步步递进,直捣黄龙府,动摇论敌的根基。

层层深入的进攻手段,要求辩者有敏锐的反应能力,有严密的逻辑思维能力和高超的论证批驳能力;同时,辩者要自始至终高度关注,仔细聆听对方的发言,捕捉对方的错误,归纳概括,找出论敌错误的内在联系,采用层层剥笋的方法,直至摧毁敌论的核心支柱,从根本上批倒敌论。

以此类推,以此类比

由远及近,由此及彼,依此类推,依此类比是辩论中经常用到的逻辑技巧,这也是逻辑连贯性的重要表现,是组织材料批驳对方经常使用到的一种手段。

由远及近,由此及彼是论辩术中最常用的战术。它是先打

"外围战"，再如剥笋一样层层剥开，然后攻其核心，对方就不会再有反驳的余地了。

由远及近的论辩方法，是一个推理过程，使用这一技巧时要注意：一是不要过早地暴露目标，以防对方有心理准备。二是一开始的话题要隐秘得有分寸，不能"隐"得太深，更不能离论题太远，要注意与论题的联系。三是要注意整个论辩推理过程的逻辑性。

"由远及近"是说先把论辩的命题隐藏起来，先谈一些似乎与论题无关的话题，一见时机成熟，话题一转，马上抛出自己真正的命题，致使对手束手就范。

战国时，楚襄王是个昏庸的国君。大夫庄辛直言进谏，楚襄王非但不听，还训斥庄辛是"老糊涂"。庄辛只好离开了，到了赵国。

不久，秦国占领了楚国大片的国土。楚襄王有所醒悟，于是把庄辛找回来商量对策。

庄辛于是变直言进谏为层层剥笋，连设四喻，从小到大，由物及人，层层递进，步步进逼：

"蜻蜓捕食虫子，自以为很安全，却不知道小孩子用黏胶捕捉它，一不留神就会成为蚂蚁的食物。黄雀俯啄白米，仰栖高枝，自以为无患，谁知公子王孙将要把它射下，调成佳肴。天鹅直上云霄，自以为无患，谁知射手要把它射下来，把它做成食物。蔡灵侯南游高丘，北登巫山，饮茹溪之水，食湘江之鱼，左手抱了年轻的美女，右臂挽着宠幸的姬妾，不以国政为事，哪知道子发受了楚王之命要把他杀掉。大王您左边有个州侯，右边有个夏侯，御车后跟着鄢陵君和寿陵君，食封地俸禄之米粟，用四方贡献的金银，同他们驰骋射猎于云梦之间，而不以天下国家为事。您不知穰侯正接受了奏王的命令，他们的军队要占领我们的国家，把大王驱赶到国外去呢！"

一席话，听得楚襄王"颜色变作，身体战栗"，到了非纳谏不可的境地。

类比相推，灵活机动

20世纪30年代中期，香港茂隆皮箱行由于货真价实、买卖公平，生意十分兴隆，于是引起英国商人威尔斯的嫉妒。

这位狡猾的英国商人蓄意敲诈，就到茂隆皮箱行订购了3000只皮箱，价值港币20万元，合同写明1个月交货，过期不交或不按质按量交货，由卖方赔偿损失费的50%。

到了交货日期，茂隆皮箱行的经理冯灿如数交货。但是，威尔斯却说："皮箱里有木料，就不是皮箱，合同上写明的是皮箱。"因此，向法庭提出控诉，要求按合同赔偿损失。

就在威尔斯在法庭上信口雌黄、气焰十分嚣张时，冯灿的辩护律师罗文锦从律师席上站起来，从口袋里拿出金怀表，高声问法官："请问，这是什么表？"

法官答道："这是英国伦敦出口的金表。可是，这与本案有何关系呢？"

罗文锦高举金怀表，对法庭上所有的人说："有关系。这是金表，但是请问，这块金表除表面是镀金的以外，内部的机器都是金制的吗？"

"当然不是。"旁听者同声议论。

罗文锦便道："那么，人们为何又叫它金表呢？由此可见，茂隆皮箱行的案件，不过是原告无理取闹、存心敲诈罢了！"

由于罗文锦的出色辩护，原告在众目睽睽之下，理屈词穷。法庭最后则只好以威尔斯诬告罪，罚款5000元结案。

罗律师在法庭辩论取胜使用的也是类比论证法，他将金表与皮箱进行类比。他的推理过程是，金表表面镀金而内部不是黄金可以叫作金表，而皮箱外部是皮革但内部支撑有木料，当然也可以叫作皮箱。由于他巧妙地使用了类比论证，在轻松潇洒之中一举扭转辩论局势，大获全胜。

富兰克林和杰弗逊都是美国的开国元勋。"独立宣言"的起草人杰弗逊当年风华正茂、文才过人。他最不喜欢别人对他写的东西评头品足。当他把起草的"宣言"交给委员会后，就坐在会议室外，等待审查通过。可是，过了很久，不见回音，他就很不耐烦了。

坐在他身边的富兰克林，唯恐这样下去会发生不愉快的事情，就拍拍杰弗逊的肩膀，给他讲了下面这个故事：有位叫汤普森的年轻朋友想开个帽店，他觉得一个醒目的广告招牌对帽店的生意很有好处，于是设计了一个广告招牌："汤普森帽店——制作和现金出售各式礼帽"，下面还画了一顶帽子。他得意地把这个设计拿给各位朋友"提意见"。第一个朋友看了就不客气地说："帽店"一词与后面的"出售各式礼帽"语义重复，建议删去；第二位朋友则说："制作"一词也可以不要，因为你刚开业，顾客并不会因为帽子是你制作的就买，他们所关心的是帽子的质量和样式，而这些，需由他们亲自看到才行；第三位说："现金"二字实在多余，因为本地市场习惯现金交易，从不赊销。经过接受这三位朋友的意见后，设计就只剩下："汤普森出售各式礼帽"和那个帽子了。

"出售各式礼帽？"最后一个朋友对剩下的词也不满意。"谁也不指望你白送给他，留那样的词有什么用？"他把"出售"画去了，提笔想了想，连"各式礼帽"也一并"砍"掉了。理由是：下面明明画了一顶帽子嘛！

帽店开张了，来往顾客看见招牌上醒目地写着"汤普森"几个大字，下面是一顶新颖的礼帽图样。大家都异口同声称赞这个招牌做得好。"

听完这个故事,杰弗逊明白老友的意思,他那自负、焦躁的情绪终于平静下来。"宣言"草案经过众人的精心修改,更加完善,成了内容深刻、语言完美的不朽文献。

这里,富兰克林就是运用了类比术。通过类比,得出结论:如果杰弗逊能像汤普森那样听取朋友的意见,那么,其所起草的宣言在众人的修改下,就会成为一个完善的文献。富兰克林巧妙地运用了类比术达到了劝说杰弗逊的目的。

每个事物不仅有着与其他事物不同的独特个性,同时,又有着与其他事物相同或相似的属性,也就是说,事物都存在着共性。类比论证法就是在考察两类事物某些相同或相似属性的基础上,推断出它们另外的属性也相同或相似的辩论方法。这种辩论方法灵活机动,变化无穷,能最大限度地表现一个人的辩论才能。

请看子贡与齐景公的一次辩论:

齐景公问子贡:"何人是你的老师?"

子贡答道:"鲁国的仲尼。"

"仲尼是贤人吗?"

"是圣人啊!岂止是贤人呢?"

"那你说说,他是怎么样的圣人呢?"

"不知道。"

齐景公怒气冲冲地说:"开始你说仲尼是圣人,现在又说不知道,这是什么意思?"

子贡答道:"我终身戴天,并不知道天有多高;我终身践地,并不知道地有多厚;我求学于仲尼,就如同拿着勺子到江海中饮水,满腹而去,又怎么知道江海有多深呢?"

孔子是子贡的教师,孔子是怎样的圣人子贡当然不会不知道,他之所以说"不知道",是想通过这种方法加深齐景公对自己老师的印象。所以，当齐景公勃然大怒时，子贡就巧用类比的方法，用戴天而不知天之高、践地而不知地之厚、饮于江海而不知江海之深来类比就学于孔子而不知孔子是怎样的圣人，这样，既盛赞了孔子的伟大，又对自己刚才的"不知道"做出了圆满的解释。

还有，在论述抗日战争胜利的果实应该属谁时，毛泽东同志也运用类比推理的方法。

抗战胜利的果实应该属谁？这是很明白的。

比如一棵桃树，树上结了桃子，这桃子就是胜利果实。蒋介石蹲在山上一担水也不挑，现在他却把手伸得老长老长地要摘桃子。他说，此桃子的所有权属于我蒋介石，我是地主，你们是农奴，我不准你们摘。

我们在报上驳了他。我们说，你没有挑过水，所以没有摘桃子的权利。我们解放区的人民天天浇水，最有权利摘的应该是我们。同志们，抗战胜利是人民流血牺牲得来的，抗战的胜利应当是人民的胜利，抗战的果实应当归给人民。

至于蒋介石呢，他消极抗战、积极反共，是人民抗战的绊脚石，现在这块绊脚石却要出来垄断胜利果实，要使抗战胜利后的中国仍然回到抗战前的老样子，不许有丝毫的改变。这样就发生了斗争。同志们，这是一场很严重的斗争。

在这段论述中，包含了两个互相联系的类比推理。第一个类比推理的推论的具体过程是：桃树以及树上的桃子这对象，具有由栽桃人栽的并用水浇出来的属性，同时，还具有应该由栽桃人和挑水人来摘这个属性。而抗战的胜利果实具有由解放区人民流血牺牲换来的这个属性，而这个属性与桃树上的桃子具有由栽树人栽种、挑水等辛勤劳动换来的这些属性类似。于是，就可以根据桃子具有应该由栽桃人、挑水人来摘这个属性而推知，抗战胜利的果实也具有应当归给人民的属性。

第二个类比推理的具体过程是：桃树上的桃子不具有没人栽的属性，也不具有没人浇水的属性，也不具有应该由不栽树、不挑水的人来摘的属性；而抗战的胜利果实不具有不通过流血牺牲而得来的属性。而这一点与桃树上的桃子不具有没人栽、没人浇水的属性类似。于是，就可以根据桃子不具有应该由不栽树、不挑水的人来摘的属性而推知：抗战胜利的果实不具有应当由消极抗战、积极反共的抗战绊脚石——蒋介石垄断的属性。

这两个类比推理形象生动地阐明了抗战胜利果实应当归给人民的道理。

类比相推用于辩论中的反驳，更具有独到的特色，更能显示出它的论证性与机智性。类比反驳如果运用得好，不但具有不可辩驳的逻辑力量，而且非常生动、幽默。

一位牧师向一位美国黑人领袖提出诘难："先生有志于黑人解放，非洲黑人多，何不去非洲？"

黑人领袖道："阁下既有志于灵魂解放，地狱灵魂多，何不下地狱？"

黑人领袖的类比反驳，言辞简洁，辩锋犀利幽默，即使辩论对手是久经沙场的老将，也恐怕难以抵挡这种有力的反击。

在明代戏曲家冯梦龙的《古今谭概》里，记载着这么一个故事。

一个叫作翟永令的人，认为一味念经，对于一个人灵智的开发是没有用处的，而他的母亲却一味念经不止。有一天，翟永令"娘，娘，娘——"不停地喊他的母亲。母亲没有答应，翟永令于是就"娘娘娘"地叫个不停，把他的母亲都喊生气了。这时，翟永令才对他的母亲说："我叫您几声，您就厌烦了，您一天到晚一直念着'南无阿弥陀佛'，菩萨爷难道就不烦吗？"一言既出，他的母亲就悟出了许多道理。

这则故事也可以让我们悟出一点道理来，这就是：以这种现象比那种现象，以此道理比彼道理，以已知比未知，从而由现象一致达到结论一致，能够生动地证明自己的观点。

类比辩论，五种类型

类比有很多种类型，常见的有下面几种。

1.转移类比

《孟子·公孙丑章句下》载：齐王因为没有听从孟子的劝告，结果使燕国人反叛了齐国。齐王感到很惭愧，但有个叫陈贾的齐国大夫却在孟子面前为齐王开脱。他说："周公是什么样的人？"孟子答："古代的圣人。"

陈贾："他派他的弟弟管叔去监督殷国，结果，管叔却带领殷国反叛，这事有没有？"

孟子："有。"

陈贾："周公是不是知道他要反叛才派他去的？"

孟子："周公不知道"。

陈贾："这么说来，圣人有时也有过错吧？"

陈贾把齐王与古圣人相比，以圣人也有过错为齐王的过错开脱，如果就此讨论，显然不会得到什么结果。于是孟子转换了论题，通过如下的类比反驳了陈贾：

"古代的君子，有错就改，现在的君子却将错就错。古代的君子有了错，就像日食月亏一样，人人都能看见。当他改正时，人人又都能敬仰他。现在的君子，岂止是将错就错，还要找借口为自己辩护。"

孟子的反驳，抛开圣人有没有过错的论题，而是转移到如何对待错误的问题上。从而抓住了实质，击中了要害，使陈贾无言以对。

转移类比，指当一方以两类事物进行类比，推出某一结论时，反驳方则转换一个角度，同样运用这两类事物进行类比，推出完全不同的结论。这种方法的最大特点，是避开对方结论而直接触及其实质。

2.同向类比

第二次世界大战期间，美国物理学家亚历山大·萨克斯向美国总统罗斯福面呈了一封由英国核物理学家西拉德起草、爱因斯坦签署的重要信件。其内容是督促美国政府要抢在希特勒前面研制成原子弹。

然而，罗斯福看了信却不以为然。为了说服总统，萨克斯在同罗斯福共进午餐时，讲了一个故事。

轮船发明家罗伯特·富尔顿在一次拜访拿破仑时，建议他成立一支由蒸汽机船组成的舰队，在气候恶劣的时候，也能顺利地在英国登陆。可是，刚愎自用、一意孤行的拿破仑却不相信，竟发狂地嘲笑富尔顿："军舰不用帆？靠你发明的蒸汽机？哈哈！这简直是想入非非，不可思议！"

结果，天才的科学家被轰了出去。

假若当时拿破仑采用了这个建议，那世界历史就将重写。罗斯福听了这个故事，终于被说服，接受了美国应赶快研制原子弹的建议。

这里，萨克斯同罗斯福的谈话中就含着一个同向类比推理：

富尔顿向拿破仑建议成立一支由蒸汽机船组成的舰队，被拿破仑所拒绝，因此，拿破仑失败了。如果当年拿破仑采用了这个建议，拿破仑就可能胜利。现在我们建议赶在希特勒前面研制原子弹，跟当年富尔顿对拿破仑的建议相类似，所以，如果你不接受这个建议，就有可能像当年拿破仑那样失败，但如果你接受了这个建议，则有益于战争的胜利。

由于罗斯福感到萨克斯的类比很有道理，故欣然接受了他的建议。

同向类比是取两个在一系列属性上相同的对象进行比较，由此类对象有某种属性而推出彼类对象也有该种属性。

3.反向类比

反向类比，就是故意取两个在一系列属性上已风马牛不相及的对象进行比较，以此来推论和驳斥对方的观点，从而达到形象、生动的辩驳目的。

由于"反向类比"中类比的本象（欲证明或驳斥的论题或证据）与类象（用来做比的事例）之间，既有联系，又有区别，且"联系"使二者可比，启示人们去领悟类比后的结论；"区别"则造成人们的心理落差，从而能产生很强的幽默诙谐的效果。

一位作家对厨师说："你没有从事过写作，因此你无权对我的作品提出批评。"厨师反唇相讥道："岂有此理！我这辈子没有下过一个蛋，可我能尝出炒鸡蛋的味道。母鸡能吗？"

厨师机智地将作家写书与母鸡下蛋进行类比，反驳了作家只有从事过写作才能有权对文学作品进行品评的论题，使人忍俊不禁。

4.隐含类比

有一次，拿破仑对他的秘书说："布里昂，你也将永垂不朽了。"布里昂迷惑不解，拿破仑提示道："你不是我的秘书吗？"布里昂明白了他的意思，微微一笑，从容不迫地反问他："那么请问，亚历山大的秘书是谁？"拿破仑答不上来，便高声喝彩："问得好！"

拿破仑认为布里昂能借着他的名声而扬名后世，布里昂反驳这个观点时，并没有直接反驳，而是委婉迂回，用亚历山大的秘书同自己进行类比。既然现在的人们不知道亚历山大的秘书是谁，那么后人也将忘记拿破仑的秘书是谁。因而拿破仑的观点是不正确的。

隐含类比，是指不直接将两类事物进行对比，而是仅就其中一类事物进行说明，真正的结论留给对方去领悟。这种方法富有启发性和暗示性。因而比一些直接辩论术的可接受性要强些。论辩中的反驳，有时双方剑拔弩张，言词激烈；有时却需要气氛轻松，话语委婉。"隐含类比"，就是具有后一种功效的辩术。

　　这种反驳是将类比推理隐含在语言形式之中。尽管在语言的表层上不显山、不露水，但在语言的深层，却蕴含着难以置辩的力度，使反驳既含蓄又有力。所以，就是一向精明的拿破仑，也不得不对布里昂的反驳发出由衷的喝彩。

5.直观类比

　　著名作家刘绍棠一次在某地演讲，有人发问："共产党这么英明伟大，为什么就不能容纳一点点自由化的东西呢？"听罢此言，刘绍棠"呼"地站起来，大声问道："你们看我的身体怎么样？"见他身体魁梧、红光满面，大家齐说："健康！"这时，他说："尽管我刘绍棠如此壮实，但是，要让我吃下一只死苍蝇，我决不！"这绝妙的反驳，顿时博得热烈的掌声。

　　还有一次，刘绍棠在南开大学的一次报告会上讲到文学创作要坚持党性原则时说："每一个阶级的作家都是有所为有所不为的……即使是真正的东西。也是有所写有所不写的，无产阶级的文学更是如此。"

　　这时，一个学生在台下递上来一个纸条说："刘老师，您说作家要有所为有所不为，我觉得不应该这样。既然是真实的，就是存在着的；存在着的就应该给以表现，就可以写。"

　　刘绍棠拿着这个纸条问是哪位同学写的。台下一位女同学说："是我写的。"刘绍棠见是位漂亮的女孩子，就开玩笑说："你把你的学生证拿给我看看好吗？"这位女同学迷惑不解。刘绍棠说："我要看看你的学生证是不是贴着脸上长疮的照片。""我为什么要把长疮的照片贴在学生证上啊？"

刘绍棠又问："长疮时你怎么不拍个照片呢？""长疮时谁拍照片，怪寒碜的。"刘绍棠说："你不在长疮时拍照片，更不会把长疮的照片贴在学生证上，这说明你对自己是看本质的。因为你是漂亮的，长疮时的不漂亮是暂时的，它不是你最真实的面目。所以你不想照相留念，更不想照这样的照片贴在学生证上。共产党的某些缺点是需要批评的，但有些事情是有其特殊原因的，是涉及许多方面问题的，应由党内采取措施去更正。可你非要把它揭露出来不可，这岂不是要共产党把长疮的照片贴在共产党的工作证上吗？为什么你对自己那样公正，对共产党却是那样不公正呢？"

这里，刘绍棠没有就"作家该写什么不该写什么"进行抽象的争论，而是把问题转到"你为什么不在学生证上贴长疮的照片"这个具体事件上来。这样，是非是直观的、明显的，然后再根据具体结论的明确，而把论辩上升到理论的高度，回到原来争论的问题上，使女学生心服口服。这就是直观类比的运用。

直观类比，是指运用真实感人的具体事例，通过事物间的微妙联系进行推理，使辩驳具体直观，形象生动。它不纠缠于抽象争论，而是把问题引到了具体事例中去，避免了抽象说理的枯燥。

类比术是机智和聪慧的产物，它需要使用者将寻常的事例，加以不同寻常的联想，使本象、类象有机结合，产生独特的魅力。这就要求论辩者开拓空间思维，把握事物间的联系，触类旁通，举一反三，急中生智，快中求妙。只有这样，才能使你的类比术不同凡响，具有极强的说服力。

要提高类比推理的可靠性，我们要努力做到下面几点：

（1）类比对象的共同点越带有本质性，推出的结论就越可靠。

（2）类比的事物在已知相似或相同的属性与推出的属性之

间相关的程度越高，则结论可靠程度越高。

（3）类比对象之间共同的属性越多，推出的结论就越可靠。

小中见大，触类旁通

小中见大，窥局部而见整体，对事物的批驳也是如此，从对方的小谬误入手批驳，然后在由小及大，批驳对手的整个论点。

东汉时有个陈蕃，有一天他父亲的好友薛勤来访。见他独居一屋，屋内杂乱，龌龊不堪，薛勤便问："孺子何不洒扫以待宾客？"陈蕃骂道："大丈夫处世，当扫除天下，安事一屋乎？"薛勤反问道："一屋不扫，何以扫天下？"

"扫天下"治国安邦乃堂堂大业，陈蕃有这种雄伟志向固然是好，但一个连自己屋子都懒于扫的人，他真的能够去"扫天下"吗？薛勤的反问，以小中见大术，一针见血地驳斥了陈蕃的狂妄不实。

小中见大，是指论辩者善于从高层次上，以其敏感性和洞幽烛微的观察力，从要说的事理中抓住某一个最能反映事物本质的点，触类旁通，引申扩张，从而达到论证自己观点正确，反驳论敌论点荒谬之目的的一种论辩方法。

我们在认识客观事物，进行论辩时，要善于从高层次上，以敏锐和透彻的观察力，选取最典型、最有代表性的某个点、某个方面，由此及彼、由表及里，小中见大，触类旁通，进而认识到事物的整体，揭示事物的本质，取得辩论的胜利。

运用小中见大术，一定要选准突破口，集中兵力攻其最要害、最敏感而又最易击破的一点，继而扩大战果。重要的是，小中见大术，其中的"小"必须与"大"有必然的联系，不然就会犯以偏概全或推理不当的错误。

在一次辩论"对外开放与走私贩私关系"这一论题时,一方认为走私贩私都是对外开放造成的,另一方对此进行了针锋相对的反驳:如果你的说法能成立的话,那我的感冒就是开了窗的缘故。那么为什么开了窗以后,有些人感冒,更多的人却身体健康地领略着大好春光?问题只能从自身去找了。

同样,三中全会以后,经济上对外开放了,其目的就在于利用当前国际有利条件,借外国财力之水,灌溉我国现代化之花。我们一是主权在握,二是开放有度。问题是国内有些不法分子,看见金灿灿的洋钱洋货眼花缭乱,犹如蝇之趋腥,营营追逐。这能怪罪于谁呢?

对外开放之后,面对海外花花世界的影响,从中央到地方,曾不断发表过坚定而清醒的告诫,以期引起警惕,希望人们增强自身的抵抗力。因此有逐臭者,也有洁身自好者,有沉溺者,更有新形势下的"南京路上好八连"……

上则辩词中,反驳者就是以小中见大战术,抓住"感冒"和"开窗"这种生活中的小事,来形象地比喻开放与走私的关系,给人以启发,有很强的说服力。

以小放大,归谬反驳

归谬反驳是一种逻辑方法,在逻辑学中叫归谬法,也就是从对方论题出发,引出一个非常荒谬的结果,从而证明对方的论题虚假。使用这种方法有一种神奇的力量,它能把隐藏在深处的、不明显的、难判断的荒谬"显微扩大",从而使其荒唐的结论暴露无遗。因此,有人把这种方法称为逻辑学上的"显微镜"。这种方法在辩论中被广泛使用。

在辩论的过程中,很多辩论者都能够自然地运用归谬反驳这种推理方法，将对方论点中充当条件的部分，进行扩展与引申，找出一个比较特殊的条例，使这条例与对方的结论相悖，从而驳倒对方的观点。

运用小中见大法，关键是要注意造的"小"须有代表性、典型性，要小则实、短则精、细则宏、博则深，片言以居要，一目能传神。只有选中有代表性的"小"，才能"见一叶落而知岁将暮"。

春秋时期，管仲辅佐齐桓公完成霸业。管仲病危时，齐桓公前往看望。齐桓公说："你的病看来已经很严重了，你有什么话要吩咐我吗？"

管仲说："我希望你能疏远易牙、竖刁、公子开方、堂巫四人，他们将来对您对国家都很不利。"

桓公说："易牙是我的厨师。有一次我信口说，什么山珍海味你都给我尝过了，就是还没有吃过蒸婴儿的味道，结果易牙就把他刚出生不久的第一个儿子蒸给我吃了。他对我这么好，我怎么还要疏远他呢？"

管仲反驳说："从人的感情来说，没有哪个人不爱自己的亲生骨肉，而易牙连自己的亲生骨肉都不爱，蒸给别人吃，他对你有什么用呢？"

桓公又说："竖刁身为贵族，知道我喜爱宫中生活，他就自己阉割自己来侍奉我。他如此爱我，我怎么还要疏远他呢？"

管仲反驳道："人没有哪个不爱惜自己身体的，他竟然自己毁坏自己的身体，他对自己的身体都不爱，他怎能真的对你好呢？"

桓公又说："公子开方是卫国人。卫国并不远，可他侍奉我有15年没回去看望自己的双亲，他还不好吗？"

管仲反驳说："公子开方连自己的父母都不爱，怎能真正对你好呢？他们都是包藏着不可告人的狼子野心啊！"

桓公终于有所悔悟，答曰："善！"

管仲以其忠臣贤相的敏锐洞察力，通过对易牙、竖刁、公子开方等人的几个生活片断的精辟分析，剥开了他们的伪装，识破了他们的韬晦之计，预测了事物的必然发展趋势，做了一番精彩的论辩，具有一定的说服力量。

以其人之道，还治其人之身

以其人之道还治其人之身，达到害人者害己的目的。这似乎是一种阴谋诡计，但是，只要我们运用得恰当，它仍然不失为一种可以采用的论辩方法。

请君入瓮后，就可以逼敌抉择，提供若干可能情况给论敌，并要他从中做出选择，从而制伏论敌。

古代的一个皇帝脚踩马蹬，挺身悬空，为难一位年轻美丽的聪明姑娘："你说我是上马还是下马？"姑娘没有正面回答，而是不慌不忙地一只脚踩在门外面，一只脚踩在门槛上，反问皇帝说："你说我是进门还是出门？"皇帝于是哑口无言。

用这种方法揭穿阴谋，可以做到一针见血。

在明朝万历年间，海盐县有个女子还没有出嫁，有个恶少想要娶她，她的父亲不同意，恶少诬告说他已娶了这个女子为妻，而她的父亲逼她再嫁人。

县令把女子叫到跟前，跟她谈话，而后突然问恶少："你既然是这个女子的丈夫，那么你说说，你妻子手上的疤痕是在左手还是在右手？"

恶少于是目瞪口呆，答不上一句话。

有时我们还可以接过论敌的话来要求论敌自己进行抉择，这种方式别具魅力。应对的一种方法是高声宣布"我既不是驴子，也不是骗子，而是介于两者之间"，将脏水泼回到泼脏水者的身上。

毛拉去集市买毛驴，卖驴的地方挤满了乡下来的农民。

有个衣冠楚楚的人经过那里，说道："这个地方不是农民，就是毛驴。"

毛拉听了，上去问道："先生，您准是农民了？"

衣冠楚楚者说："不，我不是农民。"

毛拉于是说："那你是什么呢？"

衣冠楚楚者觉察出了毛拉话中有话，不禁窘态百出。

模仿对手，批驳有力

运用对方的话语结构来批驳对方，往往让对手无力还击。在说辩中，对于模仿术的运用，是制敌的一种重要的方法。怎样模仿才能最有效果呢？

下面介绍几种常用的方法。

1.模仿临近的事物

模仿对方的逻辑错误，拿来批驳对方的观点，这种方法能起到釜底抽薪的效果。

2.模仿对方的说辩形成一个相似的喻例

赵楠上班接二连三地迟到，班长批评他，他不仅不接受，还辩驳说："你为什么老是批评我？你没有看到我是在进步吗？我第一次迟到15分钟，第二次迟到就只有10分钟，今天才迟到5分钟。这说明我在逐渐改正错误，不仅不应该批评，还应表扬我的进步。"班长反驳道："假如有这样一个小偷，他一天偷了人家10个钱包，被抓住后发誓要改正，于是第二天只偷了9个钱包，第三天又减少到8个。我们是否应该对这个小偷的'进步'加以表扬呢？如果他减少到一天偷一个，是不是应该对他大加赞赏，以表彰他飞速的'进步'呢？"赵楠无言以对。

上例中，班长就是仿拟赵楠的说辩形式，选择一个谬误性极强的喻例，采用反问的口气设难，从而使狡辩者理屈词穷。这种技巧的特点是喻例较多，随手可取。运用喻例要注意使它们既能"同步"，又能"互补"，表述喻仿既要注意使它们层次清晰，又语气连贯。

这种方法就是模仿对方的说辩，构造出一个相似的喻例，然后以喻例向对方设难，造成以其人之道，还治其人之身的效果。

3.直接模仿对方

直仿是直接模仿对方的语言形式，或袭句讽刺，或换词反击，或以谬制谬，达到以其人之道，还治其人之身的效果。

著名的幽默大师马克·吐温喜欢向人家借书，他的邻居想出一个办法，以期扭转他的习惯。当马克·吐温提出要借阅某一本书时，这位邻居说："可以，可以。但是我定了一条规则：从我的图书室借去的图书必须当场阅读。"

一星期后，这位邻居向马克·吐温借用割草机。马克·吐温便运用直仿术回敬对方，他说："当然可以，毫无问题。不过我定了一条规定：从我家里借去的割草机只能在我的草地上使用。"

当然，马克·吐温是运用直仿术开开玩笑而已。邻居的规定还是勉强可以执行的，而马克·吐温的规定则是无法做到的。

在下例中，丘吉尔对直仿术的运用，与马克·吐温有异曲同工之妙。

与丘吉尔共事的保守党乔因森希克斯在一次会上演讲时，看到丘吉尔摇头表示不同意，便说："我想提请尊敬的议员注意，我只是在发表自己的意见。"丘吉尔马上回答道："我也想请演讲者注意，我只是在摇自己的头。"丘吉尔完全袭用了乔因森希克斯的句式，但却一点不漏地把对方的话"弹"了回去，使议员处于无言以对的尴尬境地。

丘吉尔是很善于运用此法的。著名的幽默家、剧作家萧伯纳甚至都被他讥讽得败下阵来。有一次，萧伯纳派人送两张戏票给丘吉尔，并附上短笺说："亲爱的温斯顿爵士，奉上戏票两张，希望阁下能带一位朋友前来观看拙作《卖花女》的首场演出，假如阁下这样的人也会有朋友的话。"

萧伯纳的幽默以尖刻著称，所以这样奚落丘吉尔在他来讲并不过分。丘吉尔看了短笺当然不肯示弱，他马上写了一张回条加以还击："亲爱的萧伯纳先生，蒙赐戏票两张，谢谢。我和我的朋友因为有约在先，不便分身前来观赏《卖花女》的首场演出，但是我们一定会赶来观赏第二场演出，假如你的戏会有第二场观众的话。"

幽默大师萧伯纳想讥嘲丘吉尔没有朋友，丘吉尔则直仿出萧伯纳的戏没有第二场观众。

反驳论据，直接有力

在《"友邦惊诧"论》中，鲁迅先生为了反驳国民党政府通电中加给请愿学生的所谓"捣毁机关，阻断交通，殴伤中委，拦劫汽车，攒击路人及公务人员，私逮刑讯，社会秩序，悉被破坏"的种种罪名，特意在文章结尾引用《申报》的南京专电再反驳："考试院部员张以宽，盛传前日为学生架去重伤，兹据张自述，当时因车夫误会，为群众引至中大，旋出校回寓，并无受伤之事。至行政院某秘书被拉到中大，亦当时出来，更无失踪之事。"而"教育消息"栏内，又记本埠一小部分学校赴南京请愿学生死伤的确数，则云："中公死二人，伤三十人，复旦伤二人,复旦附中伤十人,东亚失踪一人(系女性)。上中失踪一人,伤三人,文生氏死一人,伤五人……"可见学生并未如国府通电所说,将"社会秩序,破坏无余",而国府则不但依然能够镇压,而且依然能够诬陷、杀戮。"友邦人士"从此可以不必"惊诧莫名",只请放心来瓜分就是了。

这里,鲁迅先生举确凿的事实,直接反驳了国民党政府的谬论,非常有力。

在反驳错误观点时,我们既可以反驳对方的论点,也可以反驳对方的论据,还可以反驳对方的论证。但是,相对来说,反驳对方的论点是一种最直接的方法。"擒贼擒王、直接破的"就是这样一种在辩论中直接反驳对立方论点的方法。这种方法直接去揭示对立方论点的错误、虚假,或者逻辑上的混乱。直接反驳对立方论点的具体方法很多,可以举事实反驳,也可以进行分析反驳,还可以澄清概念来进行反驳。

在与对手的交锋中,我们驳倒了对方的论据或论证,并不能就此断定对方的论题是必然虚假或者必然错误的,这时候只能说明对方的论题不可靠。要将对方彻底驳倒,还必须对对方的论题进行彻底反驳才行。这就如同打仗一样,如果将贼首擒获,敌人便会溃不成军;否则,就不能说战斗已经结束。而"擒贼擒王、直接破的"的方法则正是通过对对手的观点直接进行反驳借以驳倒对手的方法。可以说,在反驳对方时,这是一种最便捷的方法。

俗话说,事实胜于雄辩。使用"擒贼擒王、直接破的"的方法,最便捷有效的办法是列举大量确凿无疑的事实,在铁的事实面前,任凭对方如何信口雌黄也于事无补。

诸葛亮在"舌战群儒"中充分施展了这一反驳技巧。在论辩中,东吴张昭首先以刘备的节节败退,论证他所谓的"刘豫州得诸葛反不如其初"的论点,引出"诸葛亮言行相违"的结论。对此，诸葛亮根据事实，逐条反驳。

首先，针对张昭提出的"曹兵一出，（刘备）弃甲抛戈，望风而窜"的说法，诸葛亮指出了当时刘备所处的极为不利的条件这一事实："甲兵不完、城郭不固、军不经练、粮不继日。"说明在敌我力量之悬殊的情况下，刘备敢于劣势对优势，就是英雄。而张昭不看基础、不论条件，只看一时之胜负则是不客观的。诸葛亮进一步指出，就是在如此不利的条件下，刘备还是取得了"博望烧屯，白河用水，使夏侯敦、曹仁辈心惊胆裂"的辉煌战果。事实说明，败中有胜。而张昭一伙的"曹兵一出，弃甲抛戈，望风而窜"的说法不攻自破。

其次，针对张昭的"（刘备）上不能报刘表以安民，下不能辅孤子（刘琮）而据疆土"的说法，诸葛亮从主观与客观、得民与失民两方面做了分析。指出荆襄之失，主观上是刘备出于大义"不忍夺宗室之基业"，客观上是刘琮暗降。而"当阳之败"是"豫州见有十万赴义之民，扶老携幼相随，不忍弃之，日行十里，不思进取江陵，甘与同败"。荆襄之失和当阳之败，俱是事实，但诸葛亮对这些事实做了新的解释和分析，指出：虽然失败了，但是本于仁义，深得民心，失败是可以转化为胜利的。

最后，针对张昭的"（刘备）弃新野、走樊城，败当阳，本夏口，无容身之地"的说法，诸葛亮提出了"寡不敌众，胜负乃其常事"的道理。特别强调指出：刘备自有其战略方针，求决胜而不求累胜，并且援引了刘邦、韩信的事例"高皇数败于项羽，而垓下一战成功""信久事高皇，未尝累胜"，以明"国家大计，社稷安危，是有主谋"之理，"主谋"就是决战决胜的战略方针。

在诸葛亮对事实的精准分析之下，张昭用来攻击诸葛亮的那些论据，像"飞去来"器一样，又飞回去对准了他自己，张昭等人无言以对，败下阵来。这里使用的正是批驳论据的方法。

实施批驳论据的方法，我们也可以通过实践来检验对手的论点，因为实践是检验真理的唯一标准，同时，它也是检验某论题是否真伪的标准。

在具体的辩论中，只要将对方的论题用实践一检验，其虚假性自然就会暴露无遗。

有一个人拜访一位将军，这个人拿出自己发明的士兵制服给将军看，并说这制服是防弹的。

"那好啊，你穿上它！"

将军说着，按铃叫来了随从："你去叫上校带上枪到这儿来。"

将军回头一看，防弹衣的发明者已不见踪影。

防弹衣防不防弹，用枪弹一检验便可立见分晓，防弹衣的发明者不敢用子弹来检验，足以证明他所谓的发明不过是骗人的把戏而已。

寻找缺口，反驳对手

辩论的过程是一个对抗与反对抗的过程，而对抗中又以例证对抗为常见。以例证对抗为例，谈一下反对抗技巧。

有一些对抗的例证，表面看来牢不可破。实际上如果稍做推敲还是可以反对抗的。

在"女性比男性更需要关怀"辩论中，正方为了论证中国文字反映的男尊女卑，举例说：

中文有两个字表示结婚的概念，一个是"娶"字，另一个是"嫁"字。男人是"娶"媳妇，女人是"嫁"给男人，那这个"娶"字它表示一种主动性，"嫁"字它表示一种被动性。（笑声，掌声）

反方马上以牙还牙：

同样的例子，我们还可以发现中国字的"好"字和"妙"字都是一个褒义词，那么请问"妙"字和"好"字是不是用"女"字旁开头呢？（掌声）

当反方举"好"和"妙"进行对抗时，正方束手无策了。其实，正方完全可以在反方的例证上做文章，做出反对抗："妙"可以拆为"女"和"少"，"好"可以拆为"女"和"子"，从造字角度看，这都是两个会意字，也就是"女"性"少"方为"妙"，"女"性得"子"才叫"好"。这岂不正表明了女性受压抑的社会地位了吗？

上面例子表明，从构成对抗的例证本身发掘于己方有利的观点或材料，可以有效地进行反对抗。

不是所有的对抗例证都存在着漏洞，更多的情况下，辩方的对抗是严谨缜密、毫厘不差的。这时候，避开对抗的冲击力，从侧面突发反问进行"强攻"，是行之有效的反对抗技法之一。但是有一点，这个反问必须直接攻向对方的立论点，不能有任何偏差，否则就会影响反对抗的力度。

我们来看关于"治愚比治贫更重要"的辩论中的一段辩词：

正方：一位名作家写了本书《愚昧比贫穷更可怕》，说明了治愚比治贫更重要，可见对方同学似乎是没有看过这本书呀！

反方：中国政府说，生存权、温饱权是人的第一权利。对方如何回答。

这一组对抗中，辩论双方都选取了权威言论作为例证。权威能制造不容置疑、无以反驳的特殊效应。正方在不可能正面向权威发起攻势的情况下，突然反问：

"……如果治愚不比治贫更重要，为什么中国人说'养儿不读书，不如养头猪'？

俗语是劳动人民智慧的产物，它具有言简意赅、说理透彻、通俗易懂等特点。正方在这里引用俗语再次证明己方观点是十分明智的。其力之劲猛，一步到位，收到了相当直观的反对抗效果。

谈话中对方若故设"陷阱"，以谬论相刁难，其用意无非是企图造成一种进退两难的局面；答则显示无知，不答则表明无能，这种情况用"以谬制谬"最为恰当。

以谬制谬有两种方法，一个是对对方的逻辑和结论不做正面反驳，而是把它作为前提加以演绎和引用，引到一个显而易见的荒谬的结论上去，再由结论的荒唐从反面证明对方的荒唐。第二便是模仿对方的推理方法，使荒谬升级，从而达到制伏对方的效果，例如：

高玉宝的小说《高玉宝》里有这样一则故事，说的是恶霸地主周扒皮在长工们辛辛苦苦地为其干了一年之后，要想得到工钱，就必须回答三道题。三道题答对了发给工钱，答不对，按数扣除。其实，他是无理取闹，故意刁难。其一是让长工到墙头上去种地，如不能种就扣除三分之一工钱，其二是把屋里的地搬出去晒一晒，办不到扣三分之一工钱，而其三更为荒谬，问问他的脑有多重？答不上来也要扣除三分之一工钱。就这样，他多年来不知算计了多少老实巴交的穷苦人。

然而，这一年又新来了一位长工，他照样为周扒皮辛辛苦苦地干了一年，过年了，想要领工钱回家，这时周扒皮又故伎重演，照样提出了以上三个问题，这长工爽快地答应了。然后，对周扒皮说："好吧，上墙头种地可以，不过你得先把牛给我牵上去，你若牵上去我就能种。"周扒皮听了后，张了张嘴没说出什么。接着他又拎起镐头爬上了房，上房后就扒房子，周扒皮急了："我让你把屋里的地搬出来晒一晒，你为什么扒我的房子？"长工说："不扒房子怎么能晒地，你能搬的话给我做一做，让我看看。"说着继续扒房子。周扒皮急忙阻止："算你对，算你对。"长工才停止扒房子。然而，周扒皮还不甘心，马上又搬出他的第三道题对长工说："那你说我的头有多重，说对了给你钱,若说不对,要钱,没门。"这长工不慌不忙地说:"三斤六两。"周扒皮狡猾地一笑说:"这你可错了,明明是四斤二两嘛,你怎么说三斤六两,这工钱不给了。"说罢,扬扬得意地要走。这时,只见长工拿把菜刀,一下子把周扒皮拉过来说:"我说三斤六两,老爷说四斤二两,老爷不相信,割下来称一称。"说罢就要动手,这时周扒皮就像被捆宰的猪似的嚎叫起来:"算你对,算你对,给你工钱不就得了吗。"于是,长工拿着工钱高高兴兴地回家过年了。

指桑骂槐,一语双关

有的时候一些话很难说出口,这时可以适当变化一下说话的方法。指桑骂槐是一种间接表达自己意见的方法。它不仅仅被用在对别人的辱骂上,它还可以用在一些很难表述的观点上。

苏东坡到莫干山游玩了一天,又累又渴,远远看到了一个小寺庙,非常高兴地跑过去要杯水喝,休息一下。

庙里的老和尚看到穿着很普通的苏东坡,势利地不太搭理,苏东坡见此情形,只好报上姓名,老和尚一听,原来是有名的苏大学士,就完全变了一个样,百般殷勤地奉上好茶。待苏东坡欲离去时,和尚堆起了一脸的谄笑,要求题字留念。

苏东坡拿起笔来写了幅字:"日落香残,扫去凡心一点。火尽炉寒,备把意马牢拴。"和尚得到了大学士的手墨,十分兴奋,立即挂到大堂之上,并且不时得意扬扬地对着过往香客炫耀一番。

有一天,香客里来了个文人,对着挂在大堂中央的这幅字捧腹大笑。他上气不接下气地对正觉得莫名其妙的老和尚说:"日落香残是个'禾'字,凡字去了一点就是'几'字,合起来就是个秃字。炉去火是为'户',再加上马就是'驴',所以他是在骂你是秃驴哪!哈哈!"

还有这样一个故事。

南宋奸臣张俊,贪财好色,做尽坏事,但由于他有权有势,谁也不敢惹他。一次宋高宗请大臣们喝酒,叫一班艺人来说笑取乐。其中一个艺人走上场来,说他能透过铁钱的方孔,看出每个人是天上哪个星宿的化身。于是大家争先恐后让他看,他一一说出这些人是什么星宿。轮到张俊了,艺人故意看了又看,然后装出很认真的样子说:"真的看不出是什么星宿,只看见张老爷坐在钱眼里。"众人开始还不明白,后来忽然顿悟了艺人的用意,哄堂大笑起来。

这艺人说张俊的那句话就是双关语,表面上是说张俊坐在钱眼里,实际上骂张俊贪财才是艺人真正的意思。

在日常生活中,直接辱骂别人,听话人当然很容易听出来,如果说话人是利用会话隐涵来侮辱人,听话人就更应注意了。听话人不仅要善于听出对方的恶意,而且必要时可以"以其人之道还治其人之身",给对方一个含蓄的回击。

有一个科技公司对内部员工颁布了一项新规定:"凡本公司员工上班时间必须穿着制服,仪表力求整洁。不得使用不当语言互相指责……"

有位主管交代属下一个文案,可是属下根本就不用心处理,主管发现呈上来的文案错误百出,于是就在旁边批注:说明如何做才妥当。没想到文案再度呈上来的时候,还是错误百出。那个属下还扬扬得意地在第一次主管的批示旁边画了一只"蝉",表示"知了"。

这个主管气极了,想要破口大骂,但是碍于新规定,自己必须以身作则。

不管怎么说,这位聪明的主管还是骂了人。你猜!他是怎么骂的？这位主管骂得幽默！他在属下画的那只"蝉"的尾巴后面，画了一团烟！你知道是什么意思了吧！他是说："知了！知了个屁！"

发脾气要有技巧，必须要发得幽默，处理得当，才能"化气"，不会造成后遗症。

指桑骂槐（或谓春秋笔法），应从两个方面理解。一是要运用各种谋略，"指桑"而"骂槐"，施加压力配合行动。对于弱小的对手，可以用警告和利诱的方法，不战而胜。对于比较强大的对手，也可以旁敲侧击威慑他。

指桑骂槐的好处，在于不直接针对具体对象，然而通过故事的情境性，又能转换出受众对强调之物的感受性——所谓说的是那里的闲话，指的其实是这里的事情。

我们要特别注意，指桑骂槐术不是一种常用的方法，只是在某些特殊的、偶然的场合，比如为了对付敌人才可加以使用，如果滥用此术去攻击同志和朋友，只能导致众叛亲离的恶劣后果。

绕远求近，迂回诱导

目标在东而先向西，欲要进攻先行退，避其锋芒，迂回诱导，这是以迂为直的方法在巧辩中的应用。表面上看，这是放着直道、近路不走而走曲道、远路，实际上走的却是一条达到目标的直道、近路。

公元前265年，赵国的赵太后刚执政不久，秦国便发兵来进攻。赵国求救于齐国。齐国提出必须以赵太后的儿子长安君做人质，才肯发兵相救。但是赵太后舍不得小儿子，坚决不允。

赵国危急，群臣纷纷进谏。赵太后坚决地说："从今日起，有谁再提用长安君做人质，我就往他脸上吐唾沫！"大臣们不敢再说了。

有一天，老臣触詟要面见赵太后，赵太后认为触詟一定是来劝说自己用长安君当人质的，她真的摆开了吐唾沫的架势。

没想到触詟慢条斯理地走进来。见了太后，关心地说："老臣的脚有毛病，行走不便，因此好久未能来见您，我担心太后的身体不舒适，今天特地来看望。怎么样？您的饭量没减少吧？"

太后答道："我每天多吃粥。"触詟又说："我近来食欲不振，但我每天坚持散步，饭量才有所增加，身体也渐好。"

赵太后听触詟的每句话都不提人质的事，怒气也渐渐消了。两位老人亲切地攀谈起来。

谈着谈着，触詟向赵太后请求道："我的小儿子叫舒祺，最不成才，可是我偏偏最疼爱这个小儿子，恳求太后允许他到宫中当一个衙士。"

太后眼睛一亮，赶紧问触詟："他几岁了？"触詟答："15岁。他年岁虽小，只是我想趁我在世时托付给您。"

赵太后听到触詟这些爱怜小儿子的话，觉得找到了感情上的慰藉，说："真想不到你们男人也爱怜儿子啊！"触詟说："恐怕比你们女人还胜一筹呢！"太后不服气地说："不会的，还是女人更爱儿子。"

触詟见时机已到，于是把话题引申一步，说："老臣认为您爱儿子爱得不够，远不如您爱女儿那样深。"太后不同意触詟的这个说法。触詟解释道："父母爱孩子，必须为孩子做长远的打算。想当初，您送您女儿远嫁燕国时，虽然为她的远离而伤心，抱着她哭，可是又祷祝她不要返回，希望她的子子孙孙相继在燕国为王。您为她想得这样长远，这才是真正的爱。"太后信服地点了点头。

触詟接着说："您如今尽管赐给长安君许多土地、珠宝，如果不使他有功于赵国，您百年之后，长安君能自立吗？所以我说,您对长安君不是真的爱护。"触詟这番话阐明了对儿女要从长远着想,才是真爱的道理,说得赵太后心服口服。太后立即吩咐给长安君准备车马礼物,送他去齐国当人质,催齐国出兵。齐国很快就出兵解了赵国之围。

触詟劝说赵太后,是运用以迂为直策略的典范。

这种"以迂为直"的策略,在正面"强攻"不下的情况下,不失为一种灵活有效的办法。因为它把明确的目的性与战术的灵活性结合起来,避对方所长,攻对方所短;进攻的路线又带有隐秘性,并符合对方的心理需求,所以容易在对方戒备不严的情况下,逐步诱使其不知不觉地接受自己的观点。

迂回进攻,四种方法

一般来说,直言快语是人的真诚所在,是受欢迎的,但有时候效果并不佳,在言来语去中会碰到各种钉子,轻者损害人际关系的和谐,重者造成不可预知的麻烦。这个时候便不能"直肠子",而应该想办法兜个圈子,绕个弯子,找个路子,避开钉子。

1.用事实兜圈子

一天晚饭后,几位青年人去拜访某教授,而教授明天出差,要早点休息,但碍于情面,不想置对方于尴尬的处境,不好直言辞客。谈到夜深,教授接过青年人的话题,委婉得体地说:"你们提的这个问题很值得研究,明天我去A城参加一个学术会,准备就这个问题找几位专家一块聊聊。"几位青年都是聪明人,也是敬重长辈的人,立刻起身告辞,诚恳地说:"很抱歉,不知道您明天还要出差,耽误您休息了。"

顾及情面,有些话不便直说,可以用事实兜圈子。

新媳妇看见小姑穿上一件新的羊毛衫,猜想是婆婆买的,也想要一件，但又不好意思说出口，于是高声对小姑说："嘀，从哪里买来的羊毛衫，真漂亮！"婆婆见她夸羊毛衫，知道她喜欢，也知道了她的意思，于是在一旁答话："从对门商场买的，刚到的货。我先买一件，让你们穿上试试，要看中了，下午再买一件，让你们俩一人一件。"

当然，如果在娘家面对亲生母亲，这位年轻的媳妇就大可不必兜圈子了。

2.用道理兜圈子

陈毅任上海市市长的时候，干部实行供给制，为了不给国家增添负担，想劝岳父回老家。顾虑直接提出，老人容易产生误解，陈毅同志就绕了个弯，先问老人家共产党好还是国民党好。当老人家说出国民党任人唯亲，一人得道、鸡犬升天时，陈毅同志说："说得好，所以国民党要倒台……那您喜欢不喜欢您的女婿也这样？"老人立刻明白了其中的道理，决定回老家去。

与对方观点不相同时，不直接否定对方的观点，而是巧妙地先以事明理，再以理论事，使对方否认自己的观点，就是用道理兜圈子。

有一位年轻的姑娘与一位小伙子相爱，姑娘的好朋友善意地劝她说，那位小伙长相平常，不够理想。姑娘笑着回答说："谢谢你对我的关心，你讲的是事实，但是我欣赏这样的一句话：'憎恨常常和美貌住在一起，不要太草率地追求着美貌。'恩格斯说，爱情要以互爱为前提。"

3.用模糊语言兜圈子

有人问文艺理论家："你对当前争论最大的某某演员是怎样看的？"理论家回答："过去我与某某素不相识，直到前不久开会时听了她的发言才算认识了她。关于某某的争论我不了解，无从谈起。只觉得对于像她这样的优秀演员，我们一定要珍惜，不应过多地苛求。我们这一代人，生活的人文环境不好，文化的营养很不足，在这种条件下，能够达到这样的表演艺术水平，太不容易了。我们应充分敬重她，不要苛求我们的演员。苛求，是一种罪恶。"

由于某种原因不愿意或不便于把自己的真实想法说给对方，这时就可以用模糊语言来应对。

在医院里，一位患有严重疾患的病人问医生："我的病是不是很重，还有康复的希望吗？"医生回答："你的病确实不轻，但是经过治疗，安心养病，慢慢会好的。"

假如有人问你："某某小说写得很不错，你认为怎样？"你可以回答"还可以，不过我更喜欢×××的小说"。

妻子在星期天说一起去看话剧，如果你不愿去，你就可以问去看电影如何。

对某人某事有不同的看法，而你又一时说不出谁是谁非，这时就要本着"求大同、存小异"的原则含蓄地回避。

4.用情感兜圈子

相爱的人之间不应该过于兜圈子。但是，人们不会轻易改变已经明确表示的态度和立场，为了达到说服人的目的，我们仍然不妨先把自己的观点藏起来，再和对方兜兜情感的圈子，待到事理通畅明白时，再稍加点拨。

某青年教师想接姨妈来城里治病，但不好直接对妻子说，担心妻子不同意，弄得不快活，于是这一天早早回家做了一锅红枣饭。妻子下班回来，端起碗就高兴地问："这枣真甜啊，哪来的？"丈夫说乡下姨妈捎来的。妻子不无感慨地说："姨妈想得可真周到啊，年年捎枣来！"丈夫说："那还用说，我从小失去父母，就是姨妈把我抚养大的嘛！"妻子说："她老人家这一生也真够辛苦的。"稍停，丈夫忽然叹了口气，说："听捎枣的人说，姨妈的老胃病又犯了，我想……"不等丈夫把话说完，妻子说出了丈夫想说还未说出的话："那就接来呗，到医院好好治治。"

这位教师的目的就这样达到了。

郑板桥早年家贫,一年除夕赊了一只猪头,刚下锅,又被屠户要了去转手卖了高价。为此他一直记恨在心。直到后来到山东范县做官,还特别规定杀猪的不准卖猪头,自己吃也要交税,以示对屠户的惩罚。夫人感到不妥,一天,她把一只老鼠吊在房里。夜里老鼠不住地挣扎,郑板桥一宿没睡好觉。他埋怨夫人,夫人说她小时候好不容易做了件新衣裳,被老鼠啃坏了。郑板桥听后笑了:"兴化的老鼠啃坏了你的衣裳,又不是山东的,你恨它是何道理?"夫人说:"你不是也恨范县的杀猪的吗?"

郑板桥的夫人通过比照,用情感兜圈子,然后画龙点睛,终于说服了郑板桥。

绕开避讳,消除对抗

20世纪30年代,美国费城电气公司的威伯到一个州的乡村去推销用电。他来到一位老太太门前没想到吃了个"闭门羹",威伯再次叫门,门勉强开了一条缝,威伯说:"对不起打扰您,我这次并不是来推销用电,而是来买几个鸡蛋。"

老太太消除了一些戒备,把门开了一点,探出头来怀疑地望着威伯。威伯继续说:"我看见你喂的多明尼鸡种很漂亮,想买一打新鲜鸡蛋回城里。"

听到这些,老太太态度温和了许多,和威伯聊起了鸡蛋的事情。但威伯指着院子里的牛棚说:"老太太,我敢打赌,你丈夫养的牛赶不上你养鸡赚钱多。"

老太太被说得心花怒放。长期以来,她丈夫总是不承认这个事实。于是她把威伯视为知己,带他到鸡舍参观。威伯边参观边赞扬老太太养鸡经验丰富，并说，如果能用电灯照射，产的蛋会更多。老太太似乎不那么反感了，反而问威伯，用电是否合算。当然，她得到了完满的解答。两个星期后，威伯在公司收到了老太太交来的用电申请书。威伯以迂为直，解除老太太戒备，智取说服成功。

在论辩过程中，有时有意避开对方的讳忌点，绕道而行，选择对方感兴趣的话题谈起，从而消除对方的敌意和不满，一见时机成熟，话题一转，马上抛出自己真正的命题，当对方跟着你走完一段路程的时候，对方已经不自觉地向你的观点投降了，这样解除对方戒备，能够巧达说服目的。在运用这种方法时，要注意以下两点：

一是要顺着对方的心理趋势进行论辩。顺着对方的心理趋势，很重要的是以对方的认识基点为起点。不管对方认识如何，它总是一个客观存在。因此，使用此法最忌讳的是一开始就提出分歧观点。

二是要积极主动地表示对对方的认同和肯定。在论辩时，对对方的谈话中表现出来的观点，只要是同意的，就应立即做出表示赞同的反应，但不宜太直接、太露骨。辩者要表现得若无其事，和对方谈些他们感兴趣的事，使自己的诚恳感情渗进对方的意识里。要巧妙寻找话题，要适时适度赞美，通过你的发挥，对方与你的共同点得到了强调，有助于抵消对立的情绪。

后记

恭喜你读到了这一页！

你在不经意间读到了这本书，而这种不经意，或许与你未来的人生会产生奇妙的化学反应。

荷兰阿姆斯特丹大学逻辑学教授约翰·范·本瑟姆，是世界著名的逻辑学家。他在回忆中写道："当我考入阿姆斯特丹大学时，物理系和哲学系正好在一座楼里，所以我不经意地选修了一门逻辑。对我来说，这门神奇的逻辑课让我大开眼界：正是逻辑揭示了我们所做的日常事情——谈话、推理和论辩背后的精妙。所以我爱上了逻辑学，并为此转到了哲学系。"

我不是想说你会因为本书而转到哲学系，我只是想说：如果你因为本书而爱上了逻辑学，那么我会为自己的工作感到自豪，但却不会感到意外。

这，就是我要在此恭喜你的原因。